Para Karina,

que condimenta su vida
y la de mucha gente con
amor, magia y encanto.

26/2/2012

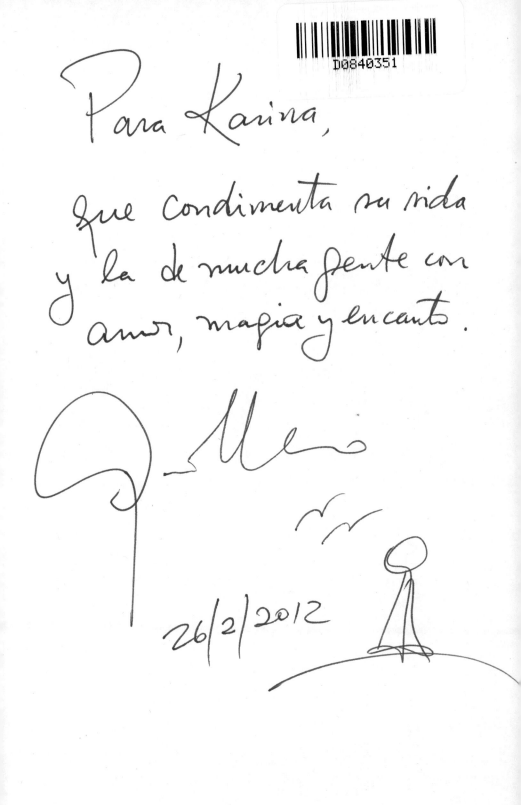

GUILLERMO FERRARA

REDISEÑA TU VIDA

Cómo vivir luego de 2012:
Efectúa cambios, potencia tu ADN
y crea tu realidad

GUILLERMO FERRARA

REDISEÑA TU VIDA

Cómo vivir luego de 2012:

Efectúa cambios, potencia tu ADN
y crea tu realidad

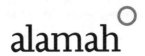

Rediseña tu vida.
© 2012, Guillermo Ferrara

De esta edición:
D. R. © Santillana Ediciones Generales, S.A. de C.V., 2012.
Av. Río Mixcoac número 274,
Col. Acacias, México, D.F., C.P. 03240
Teléfono 5420 7530

Primera edición: marzo de 2012

ISBN: 978-607-11-1505-8

Diseño de cubierta: Victor M. Ortíz Pelayo www.nigiro.com
Fotografía del autor: Archivo personal de Guillermo Ferrara
Diseño de interiores: Edwin Octavio Ramírez Mendieta

Impreso en México

"*Quien no es el amo de sí mismo, no es libre*", Epicteto.

"*Examina tu vida, dedícate a vivir intensamente; busca siempre nuevos placeres y nuevos destinos a alcanzar con tu mente*", Platón.

"*La religión de todos los hombres debe ser la de creer en sí mismos*", Krishnamurti.

"*La existencia está hecha de una sustancia llamada deleite*", Osho.

"*Aquel que mira hacia fuera sueña, aquel que mira hacia dentro despierta*", Carl Jung.

"*La filosofía es un silencioso diálogo del alma consigo misma en torno al ser*", Platón.

"*El cerebro no es un vaso por llenar, sino una lámpara por encender*", Plutarco.

"*No medites para algún día alcanzar la iluminación. Medita para enriquecer tu vida aquí y ahora. Medita cuando estés sentado y cuando camines, cuando abraces a tu madre o cuides a tu hijo. La meditación colma de alegría la existencia presente*", Shan t'sing.

"*Pues todo el que obra el mal aborrece la luz y no va a la luz, para que no sean censuradas sus obras. Pero el que obra la verdad, va a la luz, para que quede de manifiesto que sus obras están hechas según Dios*", Jesús (Juan 3: 14-21).

"¿Teniendo ojos no veis, y teniendo oídos no oís?
¿Y no recordáis?", Jesús (Marcos 8: 18).

"Dame un punto de apoyo y moveré el mundo", Arquímedes.

"Quiero que sepas que el amor llega de improviso. No
como una consecuencia de algún esfuerzo de tu parte,
sino como un regalo de la naturaleza", Osho.

"Cuando un hombre sabe a dónde va, el mundo entero
se aparta para darle paso", Bertrand Russell.

Para Sandra Cano,
quien rediseña su vida constantemente y brilla con luz propia.
Con admiración, amor y alegría por tu poderoso despertar.

Índice

Agradecimientos

A mis editores de Grupo Santillana, Patricia Mazón, Fernanda Gutiérrez Kobeh y César Ramos, por confiar en este trabajo.

A mis alumnos de todos los países donde brindo mis cursos. A los lectores y fans de *El secreto de Adán*, por enviar tantas palabras llenas de luz y sentir que somos uno. A todos mis amigos de México, España, Miami, Argentina y Grecia. Y a todos los que están decididos a cambiar y a evolucionar en el portal de luz.

Rediseño mi vida

En este tiempo aprendí que...
La libertad es más importante que la seguridad,
viajar te da más perspectiva que una universidad,
y una sonrisa tiene más peso que un dogma.

Aprendí que...
Mi palabra es más importante que el contrato,
la fidelidad es hacia uno mismo,
y los sueños creativos del alma te mantienen encendido cada día.

Aprendí que...
Una melodía llega más lejos que una espada,
la página de un libro puede cambiar la vida de alguien,
y que una mirada penetra más que una bala.

Aprendí que...
El presente es el obsequio más valioso de la vida,
la abundancia es la materia prima del universo,
y la carencia es el lujo de los dormidos.

Aprendí que...
Eso que llamamos Dios está dentro nuestro,
un amanecer, un niño y una flor son la cara visible del misterio,
y la danza, la meditación, la risa, el sexo sagrado y un abrazo
son la forma de sentirlo.

Aprendí que...
La conciencia es el timón de nuestras vidas,
la existencia personal hay que vivirla al máximo,
y que ante la duda hay que actuar.

Aprendí que...
La creatividad es inevitable cuando uno está despierto,
la mística es el perfume de los iniciados,
y el latido cardiaco es el mayor misterio.

Aprendí que...
Todo llega en el momento justo,
la amistad puede brillar más que el oro,
y la confianza en la vida es la base del éxito.

Aprendí que...
El único pecado es tener miedo al amor,
las abejas conocen más flores que los humanos,
y lo que una mariposa aprende en sólo veinticuatro horas
a nosotros nos toma toda una vida.

Aprendí que...
La vida es un sí rotundo, un avance constante, un estigma afir-
mativo,
la religión es la cárcel de los diablos imaginarios,
y que las puertas de lo divino están abiertas en todo momento.

Aprendí que...
No se puede mirar hacia un solo lado,
el amor no tiene un solo color,
y que hay más estrellas en el cielo

que granos de arena en todas las playas de la tierra.
Aprendí que...
Los celos son la cruz de los inseguros,
el arte es la espada de los nobles que se aventuran,
y que toda decisión que tomes en el presente modificará tu futuro.

Aprendí que...
El miedo enceguece a una persona,
el tiempo pasa rápido,
y que hay que estar preparado para morir en cualquier momento.

Aprendí que...
Los milagros suceden cuando confías,
Dios no cierra su empresa ningún día,
y el universo no tiene límites.

Aprendí que...
Seguir el destino es el propósito de cada uno,
el deseo es la base de la existencia,
y el amor no es ciego sino la única vez en que vemos todo claro.

Guillermo Ferrara

Prólogo

Cada persona en la Tierra va a tener que hacer lo que sea necesario para ajustar su conciencia y realizar los cambios necesarios dentro de sí misma para poder avanzar y ser transformada por esta gran luz.

Lo repetiré una vez más. No hay vuelta atrás en este punto. Tendrán que decidir por ustedes ahora, si quieren montar la ola de ascensión con el planeta y ser transformados hacia esta nueva especie de humanos que emergerá de esta transformación. Al hacerlo, deben decidir si ganarán su inmortalidad y ascenderán en conciencia a la Nueva Tierra en el nivel de la quinta dimensión, o serán derrumbados por la ola de cambios al quedarse en la tercera dimensión para otra ronda de encarnaciones. La elección es enteramente suya. La oportunidad es para todos.

Aquellos que resisten la luz y los muchos cambios que traerá no podrán pasar por los doce vórtices físicamente. Sabemos que, a nivel del alma y/o a nivel consciente, muchos elegirán dejar o desalojar sus cuerpos físicos en vez de soltar sus miedos, ideologías preconcebidas y agendas personales que obstaculizan su mayor bien y el mayor bien de todos. Ellos elegirán esto, en vez de permitir amorosamente pasar por las fases necesarias de esta transformación. También están aquellos de ustedes que estarían listos para el viaje, pero, a causa de la edad, elegirán hacer su transformación desde el "otro lado" del velo. Para estos preciosos, esta opción es totalmente aceptable. Les pedimos que no expresen dolor por estos amados. Permítanles esa elección por su disposición de dejarlos ir en paz. Honren su decisión. Arribarán "allí" al mismo tiempo que ustedes, y los encontrarán otra vez.

Muchos de ustedes ya están sintiendo y notando en sus cuerpos físicos y emocionales los efectos que ocurren a nivel celular y genético. Muchos de ustedes están experimentando nuevos síntomas físicos desagradables que nunca habían tenido antes como dolores de cabeza, dolores del corazón, palpitaciones, fatiga crónica, mareos, náusea, cambios en los patrones de sueño, zumbido de oídos, visión borrosa y muchos síntomas más. También notan cambios en su estado emocional. Sus cuerpos están evolucionando y limpiándose.

Las emociones, las formas de pensar y percibir cosas que sean negativas, fuera de moda y desgastadas, están saliendo a la superficie para ser examinadas, purificadas y transformadas. Muchos de ustedes están confundidos emocionalmente y muchos se sienten "enfermos". Les repito que esto es sólo temporal, sólo quédense allí y permanezcan en la frecuencia del amor para ustedes y los demás. Esto pasará.

Ahora es el momento para que suelten todos sus miedos y patrones negativos, porque simplemente no pueden llevarlos con ustedes. A donde vamos, queridos, sólo hay amor. No habrá lugar para miedos o negatividad de ningún tipo. ¿Qué harán a la entrada del portal de la quinta dimensión si aún tienen su bagaje de temores e ideas negativas con ustedes? Las vibraciones de miedo y otros patrones nocivos simplemente no pueden ser admitidos en la quinta dimensión. ¿Elegirán quedarse atrás en el nivel de la tercera dimensión para otra ronda de encarnaciones, sólo por haberse aferrado a ellos? ¿Quieren cargarlos con ustedes por todo el camino, atravesando los doce vórtices hacia el portal, sólo para que les digan que su bagaje de negatividad no puede acompañarlos? ¿O quieren comenzar a trabajar en deshacerse de esas cosas ahora, liberándose de esta carga limitante mientras aún hay un poco de tiempo?

Dianne Robbins, *Telos*

Capítulo 1

REDISEÑA TUS EMOCIONES

Amor como sanación planetaria

Yo amo, tú amas, él ama, nosotros amamos, vosotros amáis,
ellos aman. Ésta es la fórmula para erradicar los problemas.

El amor propio es la primera puerta que hace falta activar. Amor propio significa estar haciendo y sintiendo, siempre encaminado hacia lo que hace vibrar el alma. No tiene nada que ver con el egoísmo. Una falta de amor propio, por ejemplo, es trabajar en algo que no te gusta o que haces por dinero. Piensa: si viniese una compañía que te ofreciera ganar más del doble de dinero que ganas actualmente, ¿lo harías? Si decidieras hacerlo es porque tu actual trabajo no es tu vocación, sino una ocasión para ganar dinero. Si sospechamos que el dinero terminará luego de 2012 y los cambios planetarios, te darás cuenta de que simplemente estabas perdiendo el tiempo y trabajando para ganar dinero, no para realizar tu destino.

Ése es un ejemplo. Hay cientos de formas de falta de amor propio. No comer bien, no descansar, estar más pendiente del teléfono que de la meditación, estar constantemente mirando hacia fuera de uno mismo; todo ello es falta de amor propio, miedo e inconsciencia.

Si yo amara, tú amaras y ellos amaran, todo estaría solucionado. Entonces hay que ponerse a amar y comenzar con una buena actitud de apertura. La actitud abierta es importante, pero lo más importante es entender que el amor no es otra cosa que energía elevada dentro de ti, energía expandida, energía desbordante. Eso hace que la conciencia se eleve. Por lo tanto, cultiva primero tu energía, porque una persona cansada no puede amar pues el amor se realiza por acciones, vibración y frecuencia. ¿Cómo vas a preparar un acto amoroso, una cena, una sorpresa, un acto sexual, si no tienes potencia en tu motor personal?

Los tiempos que vienen son tiempos de unidad, confraternidad y amor en abundancia.

Libérate del miedo

El primer paso para rediseñar tu vida es rediseñar las emociones porque una persona con odio, miedo, ira o baja autoestima no podrá comenzar a rediseñar los demás aspectos de toda su vida.

Magnéticamente el miedo emite una baja vibración. Tal como dijo Nikola Tesla: "Si quieres entender el universo, piensa en términos de vibración y frecuencia". Al saber que el miedo genera una frecuencia de baja energía, con la consecuente atracción de lo que el miedo emite, tenemos que saber que la energía va incluso más allá, el miedo altera el ADN.

Las campañas presidenciales y religiosas, los dogmas, las ficticias obras teatrales que integran un infierno, un castigo, etc., están basadas en el miedo. El miedo sea cual sea es una cadena que impide la libertad individual. Toda la civilización está basada en el miedo. Por ello es imperioso que no tengamos miedo de nada. Una persona sin miedo es ingobernable, impredecible, porque es libre. A lo largo de mis viajes he visto todo tipo de personas, desde las que tienen miedo de subir al mismo elevador porque lo hacen con "un desconocido" hasta las que tienen miedo de ser ellas mismas, miedo a la muerte, al cambio, etc. Olvidan que la vida es una aventura constante.

Si la energía del miedo continúa, dentro del cuerpo humano seguirá generándose la misma baja frecuencia y la misma vibración de limitación, las células lo perciben y la psique se impregna de una vida con miedo. Así, surgirán ideas de miedo, sentimientos atemorizantes y cualquier nueva propuesta estará observada desde el miedo, no desde la confianza y el corazón abierto. Entonces comprendamos que bioquímicamente el miedo es destructivo, ya que el miedo acumulado durante años, forma un proceso biocelular negativo y termina generando una enfermedad o un cáncer. Ha quedado demostrado que somos seres acuáticos, líquidos; que nuestra composición responde a la vibración, tal como el doctor Emoto ha comprobado la incidencia que tiene la vibración, ya sea de las palabras o la música, con las partículas de agua. Por lo tanto, las palabras, los pensamientos, los sentimientos que contengan carga de miedo llevarán un mensaje negativo por todo tu torrente sanguíneo, por tu visión psicológica y provocarán un cierre espiritual. Una vez que estamos conscientes de esta información, hay que poner manos a la obra para erradicar cualquier miedo del interior. Hay que actuar tal como hacían los mayas, los egipcios y los iniciados en los templos antiguos, enfrentando los miedos hasta que la conciencia los venza, ya que muchas veces los miedos no son reales sino imaginarios. Si utilizas para crear con tu imaginación más y más miedos, éstos se reproducirán como un virus por tu interior. Al enfrentarlos, verlos cara a cara y descubrir que son ilusiones, a veces heredadas o fabricadas, los miedos inexorablemente serán trascendidos. Enfrenta los miedos que tengas, escribe y decreta los pensamientos opuestos a la confianza, valentía, apertura y entrega a una divinidad que está en todas partes y que habita en tu interior como un guerrero para cortar los lazos que te puedan atar.

Transpórtate al éxtasis

Éxtasis en griego significa "salir fuera de uno mismo", o sea, traspasar la personalidad limitada con su moralidad y represiones, abrir la puerta hacia lo infinito. Eso provoca tu propio éxtasis.

Si comprendemos que nuestra naturaleza es extática, que somos una creación divina que tiene poder, inteligencia, amor en abundancia y conciencia, no podemos vivir alejados de ese exaltado sentimiento. Éxtasis es la palabra que en inglés deriva en *exit*, cuyo significado es "salida", la salida fuera del ego, porque es el ego el que impide que vivamos en éxtasis. El ego es el velo de la ignorancia, con toda la cantidad enorme de basura psicoemocional que cultivó como si fuera real. El ego impide, bloquea, limita el éxtasis que llevamos dentro, por la simple razón de que nos desconocemos por completo, porque al saber que somos conciencia y no el ego limitado que se cree dueño del teatro de la vida, comprenderemos que hay una forma de vida totalmente dionisíaca, cósmica, absolutamente conectada con el universo. El paso por el cinturón fotónico a partir de 2012 nos llevaría a vivir de nuevo con la conciencia de unidad, con la conciencia iluminada. El ego quedaría como un traje viejo que ya no podría caber en un cuerpo nuevo. Ya que, al pasar por este evento planetario, los fotones del sol y el cinturón cósmico llevarían a un proceso de reestructuración de un cuerpo más sutil, menos denso, más volátil y con menos cargas psicológicas, donde no nos veríamos como algo separado a los demás ni a toda la creación sino parte de ella. Este evento traería una transformación radical de las emociones humanas para convertirlas en emociones divinas. Nos espera una fiesta y hay que prepararnos. Elimina de tu interior todo sentimiento o pensamiento que no te lleve al éxtasis. Empieza a desarrollar una conciencia de plenitud constante en todo lo que haces, ya que el éxtasis de estar vivo en este maravilloso tiempo astronómico te dará la apertura de conciencia que te preparará para el cambio.

Observa las emociones

La piel responde a la emoción del alma. Cuando se te erizan los pelos por una noticia, música o libro, es porque

al alma le resuena lo que tienes ante ti. Tu corazón se
enciende y ésa es una señal para seguir ese camino.

La piel, el órgano más grande del cuerpo, vibra con la emoción. Sabemos que la palabra emoción en latín significa "lo que mueve desde dentro". Las emociones se pueden ver a flor de piel, no sólo sentir. Las vemos en las lágrimas, en la risa, en general nos movemos por emociones, son el motor de nuestros comportamientos. Muchas veces reaccionamos más que responder, las reacciones son producto de emociones que estamos sintiendo. En estos tiempos tenemos mucha información para saber que todas las emociones provocan alteraciones químicas en nuestro interior. Por lo tanto, es necesario ser conscientes y observadores de aquello que produce emociones elevadas: tu música favorita, un libro, un paisaje, una melodía especial, una comida, una situación; cualquier cosa que eleve las emociones y nos haga perder la conciencia egocéntrica es totalmente productivo. Tenemos que dedicar más tiempo a estas emociones, sentir que nos pueden hacer volar, sentir, fluir y conectar con la vida misma. Cierra los ojos y siente cuáles son las situaciones que provocan esas emociones elevadas. Ya puedes comenzar a seguir leyendo poniendo tu música suave de fondo...

El propósito de estar vivos

Estamos hechos para sentir, vibrar, viajar, gozar, crecer,
volar, reír, temblar, crear, brillar, unir, evolucionar...
¿Quién puede conformarse con menos?

En el mundo en que vivimos hay marcadas varias tipologías de personas. En lo artístico se nota más que en ningún otro lado. Un artista natural, con brillo propio y talento, con espontaneidad, se destaca; pero luego están los imitadores, las fotocopias. Y allí se pierde la naturalidad de cada uno y surge la copia, el plagio. Los

niños son naturales, los artistas verdaderos son naturales y los códigos de la naturaleza también lo son. ¿Hay alguna mariposa que
quiera copiar a otra? ¿Hay algún león que quiera imitar a otro?
¿Has escuchado el canto de los pájaros? Pero, entonces... ¿tenemos
que ser como los animales? ¡Por supuesto! Los animales no necesitan psicólogos, no tienen traumas ni fobias. Un animal es natural,
come cuando tiene hambre, duerme cuando tiene sueño, viaja
cuando tiene que viajar, igual que un niño. La madre o el padre
lo obliga a comer porque "es la hora de comer". Sí, es la hora de
comer para ti pero no para mí, diría el niño. Los seres humanos no
respetamos la biología del cuerpo ni el lenguaje del corazón. Una
persona natural da prioridad a lo que siente interiormente y, luego,
a las costumbres. Si no hacemos caso a esto, nos podemos volver
personas superficiales, sin compromiso con nuestro potencial, sin
descubrir nuestra verdadera identidad. El propósito de estar vivos
en estos momentos es la posibilidad de hacernos inmortales, de
descubrir el potencial del ADN latente. Recuerda que es un tiempo
de grandes opotunidades evolutivas. Es momento de pegar un salto
como especie y ver que ése es nuestro destino y nuestro primer
propósito. Los moldes viejos están destinados a caer. Tal como una
libélula que se transforma en mariposa, así el *Homo sapiens* puede
convertirse en homo universal, en un ser que conoce su destino,
su origen, su misión, que se deleita con las maravillas del universo
y del planeta Tierra; en fin, un misterioso conjunto de energías
individuales puestas en la iluminación colectiva. En estos tiempos,
éste es el máximo propósito de la existencia humana.

La libertad del alma

*Tenemos un alma libre y natural. La esencia es inalterable y
eterna, pero nuestra existencia se llenó de códigos y creencias
no naturales que fueron tomadas como verdades.*

La riqueza de un ser humano no se mide por el dinero que tiene, sino por la libertad que alcanza. Cuando comprendes que tu alma tiene libertad, al mismo tiempo se desenrosca dentro de ti un gran poder: el poder de ser libre. Usando la libertad tienes todas las posibilidades a tu merced, puedes ir hacia el norte, al sur o a cualquier sitio que quieras; puedes renunciar al trabajo que no te da plenitud, puedes comenzar a aprender algo nuevo, puedes viajar o no, puedes leer, caminar, correr... ¡Puedes hacer lo que quieras! Entonces, cuando comprendes que la libertad es para ser usada, disfrutada y ejecutada para la evolución de tu alma, también ves que un campo de posibilidades cuánticas se abre ante ti. No hay a quién culpar, no hay a quién responsabilizar de nada, todo es producto de las elecciones personales, de las reacciones ante las causas, de cómo usamos la libertad. Al saber que el alma tiene libertad, automáticamente una fiesta, una lluvia de hormonas se pone en funcionamiento y realizas una lista de las cosas que quieres hacer y que postergabas por miedo o por falta de confianza en tu libertad. Usa la libertad con conciencia porque la libertad debe ser manejada con tu conciencia personal. Decide avanzar, crecer y evolucionar hacia la luz, elige tu camino de apertura y conexión; sigue a tu corazón que funciona como una brújula interna que te va llevando libre y conscientemente hacia tu destino. Recuerda que los condicionamientos, los miedos, las culpas, los pecados, los traumas, todos están hechos para que tú pierdas libertad, y cuando la pierdes te transformas en una oveja atemorizada en vez de ser un tigre en completa libertad. Si no dejas que nadie compre tu libertad a bajo precio, serás libre y feliz, porque no hay mayor felicidad que ser libre.

El amor como perfume

No hay que enamorarse de los demás sino de uno mismo. Recién ahí luego lo podemos compartir.

Si te perfumas con la última fragancia de Dolce & Gabbana, o tu perfume favorito, al pasar cerca de otras personas, éstas sentirán el aroma. De la misma forma, si tienes amor propio, si te amas, si te cuidas a ti mismo, los demás sentirán inevitablemente el aroma de tu amor propio, perfumarás el lugar con tus vibraciones elevadas porque por dentro llevas una relación amorosa contigo. Eso se traduce en confianza, en apertura y alegría. Pero nos maleducaron para amar a los demás, a Dios, a la familia, a la patria, todos ellos elementos secundarios e imposibles cuando no te amas, porque la pregunta es inevitable: ¿si no tengo yo dinero para mí, cómo lo voy a prestar? Si no tienes algo, no lo puedes compartir. Comencemos a ver el amor como perfume. Tú mismo generas la loción personal que hace que la vida sea algo bello o maloliente. Y así, de perfume en perfume, esto se convierte en un campo lleno de fragancias. Recuerda, una fragancia te lleva a soñar, a sentir y a rememorar una visión de la plenitud. Tú serás recordado por tu fragancia personal, por tu forma de ser, por tu visión y por ese ser que vive dentro de tu cuerpo.

El amor es energía elevada

De la misma manera que un niño eleva una cometa con el viento, el hombre eleva su amor con la intención.

Los momentos en que nuestro nivel energético de electricidad y magnetismo está bajo, decimos que estamos con las pilas bajas; cuando tenemos una buena noticia o nos encontramos con alguien especial, por ejemplo, decimos "he tenido un subidón de energía". Psicoenergéticamente cambiamos, cada transformación nos indica que somos seres emocionales, sensibles. Por eso digo que el amor es energía elevada, potente, consciente y sublime. El amor es un estado de conciencia, un conjunto de potencialidades y cualidades despiertas. La práctica de la meditación, la sexualidad, la respiración o del estímulo del ADN que encontrarás al final del libro, eleva la energía; por ende, el estado de amor. Cuando esta energía sube, la conciencia se expande y al expandirse también lo hace el amor. El amor no es un estado que debe ir dirigido a alguien en particular, sino hacia todas direcciones. El sol emite su energía a todo el mundo. Las flores regalan su aroma libremente sin distinción y dejan que su esencia sirva a todas las abejas disponibles que quieren beneficiarse de su néctar. De la misma forma, el amor consciente y despierto en una persona está latente para quien quiera probarlo, quien quiera enriquecerse y tener un impacto en el corazón, un vuelco en la conciencia. Si aprendemos de la naturaleza, veremos que todo lo bello regala la energía amorosa por doquier. La enseñanza de este libro y de la nueva corriente de pensamiento totalitario, unificador y de hermandad luminosa es dejar que ese amor inunde todo nuestro ser, la rendición a la fuente, la creatividad original. A medida que caminamos en nuestro viaje espiritual, este estado se incrementa porque surge de la meditación, de la exploración de nuestra esencia, está allí, disponible, latente, para ser descubierto. Todo el misterio del camino interior consiste en esperar el momento de la gran explosión de amor, de la iluminación del alma, cuando nos miramos en nuestro espejo existencial y vemos el rostro de lo divino. Ese rostro es lo que conocemos bajo el nombre de amor universal. Venimos de la luz, de la magia de seres creadores que son el origen de nuestro origen y venimos a la Tierra a aprender a evolucionar. Esto sucede cuando abrimos la puerta interior del corazón, volvemos a casa, sentimos nuevamente la luz original. Éste es un sendero individual de descubrimiento y cada uno tiene que jugar su partida, interrelacionando en el tejido consciente de la vida, momentos y situaciones para acercarnos más al origen, al amor. Eso es la sincronicidad entre los iguales, ya sea que el camino lo realices solo o en pareja, los dos polos opuestos y complementarios tienen que estar en armonía dentro de ti, porque lo que vibra entre ambos es la energía creadora. Cuando se potencia sobremanera dicha fuerza, tenemos entre manos la posibilidad de iluminar más nuestro interior.

Agradecer lo que eres

Si te late el corazón, si puedes abrazar, si te funciona el cerebro, si puedes sonreír, si tu naturaleza es la felicidad, si puedes respirar profundo, si puedes danzar, sentir, crear, amar... ¿Para qué necesitas rezar?

Pedimos cosas pero agradecemos poco. No nos damos cuenta del valor que tienen las cosas hasta que las perdemos. Es una cuestión de conciencia. Tomas conciencia del deleite de estar vivo y a partir de allí todo viene como un regalo. La salud es el regalo más importante e insistimos en fumar, comer mal y descansar poco. Cuando comienzas a agradecer y valorar la vida todo cobra más sentido, tu espiritualidad se fortalece y tu visión se amplifica. Al dar gracias, tus procesos bioquímicos cambian, tu interior resplandece simplemente sólo con esa palabra. Cuando tengas que agradecerle a otra persona, hazlo no sólo con una palabra sino con un regalo. Hay gente avara al momento de regalar, pero recuerda que cuanto más quieres a una persona el regalo es más valioso. Regala en señal de agradecimiento incluso cuando no sea una fecha para regalar, sino inesperadamente. Verás los resultados que tienes porque al dar gracias con un regalo el más beneficiado es el que regala y no sólo el que recibe.

Eliminando la depresión

La depresión se soluciona fácilmente. Una persona está deprimida porque no consigue tener consigo "el objeto" que la hace feliz. Realízale el deseo y la depresión desaparece.

La depresión viene por muchos factores, pero en general ocurre por un deseo que no se realiza; por ejemplo, se fue tu perro, no puedes hacer un viaje o no estás con la persona que quieres amar... Los motivos son muchos, pero el motor es el mismo: no consigues realizar tu deseo.

Trae a ti el objeto de tu pena y la depresión desaparecerá; en cambio, para no deprimirse, la persona sabia toma todo como si fuese suyo sabiendo que nada le pertenece. No debes fincar tu felicidad en algo externo porque eso genera dependencia, por ello es bueno la meditación diaria. Tú eres la causa de tu felicidad y será imposible que te deprimas. No hemos nacido para sentirnos depresivos sino entusiastas, poderosos, dignos, talentosos, cambiantes, conscientes, amantes, divertidos y profundos. Somos seres con un potencial enorme que hacemos demasiado problema por cosas pequeñas. Conoce tus deseos para que ningún estado depresivo pueda conquistar tu conciencia.

Usa más tu sonrisa

Tu sonrisa es el sol saliendo por tu rostro.

Una sonrisa tiene un poder, un magnetismo, un hechizo como pocos. Abre las puertas y la directa relación con el éxito. Sin embargo, nos hemos convertido en gente seria. La mayoría de la gente camina con el rostro lleno de seriedad. La vida ha dejado de ser un juego y se ha convertido en un compromiso de trabajo. Incluso nos llama la atención cuando una persona sonríe, como si no fuese algo normal. Hay gente que le quita credibilidad; muchas cosas tienen un sentido contrario del que nos enseñaron, hay que darle vuelta: lo sano es sonreír, lo enfermo es estar serio. Muchas veces me dedico a observar, sólo a observar lo que percibo de la gente en general. Últimamente hay tantas tensiones, apuros, metas, miedos, compromisos, responsabilidades y ahogos económicos que la gente se ha olvidado de sonreír. Esto tiene mucha más gravedad de lo que parece, porque una persona que no sonríe está provocando una lluvia de insatisfacción a las células, los órganos y las funciones vitales del cuerpo. No nos podemos dar el lujo de no saber y de mantener esa ignorancia o la pereza, ya que, en la época en que vivimos donde hay tanta información y conocimientos, conocemos los estudios que han descubierto lo que una palabra, una emoción o una vibración ejerce sobre el agua. También sabemos que lo mismo sucede en nuestro interior. Las células perciben nuestro estado interior, por ejemplo, existe gente que se ha curado el cáncer con la terapia de la risa. Entonces, si para mantenernos sanos y felices tenemos que reír... ¿Por qué no lo hacemos? Porque hemos entrado en una especie de programación social, donde las ilusiones son más fuertes que lo real. Esas ilusiones son fabricadas expresamente en la publicidad, en el estereotipo social, en la moda, en el cine, en la televisión para que tú quieras alcanzarlo. Lo realizan personas muy inteligentes que obedecen a un gobierno secreto que está en las sombras. ¿Crees que teniendo una casa serás feliz? Estarás protegido, pero la felicidad auténtica no viene con un coche, una relación o una posesión. Viene sin causa alguna como el manantial que brota de dentro; la felicidad es la plenitud y la libertad del alma en realizar y vivir la vida tal cual se desea. Son innumerables los casos de gente que tiene bienes materiales pero que no es feliz, que no ríe. Una persona que puede reír es una persona que no tiene infección en su interior.

Emociones destructivas y emociones constructivas

Es fácil de comprender: el amor crea, el miedo destruye. Tú eliges.

A menudo, las emociones pueden desbordarse, o bien, aquietarse como si nada ocurriese. La clave es usar la visión del observador interno, saber qué estamos sintiendo, conocer qué emociones estamos postergando. ¿Queremos hacer un viaje y lo dejamos siempre al final? ¿Quieres comenzar a cambiar tu alimentación y lo dejas pasar y pasar? ¿Has quedado con alguien para cenar y pasan los meses y no lo haces? Muchas emociones esperan a ser exploradas. Estamos frente a un mundo de emociones todo el tiempo. El gran problema actual es que dedicamos mucho tiempo a trabajar y realizar rutinas fijas, pero el alma pide emociones. El corazón del alma está hecho para sentir. Cuando sentimos, más vivos estamos. Las emociones se expanden como brisa de verano, como si volásemos por dentro. Muchas veces sucede lo contrario, una persona se cierra y la perla que está dentro de un caparazón duro y rígido no brilla. Si vivimos cubriendo las emociones, el alma y la espiritualidad con un caparazón de razón y distanciamiento, vamos camino a la pérdida de plenitud.

El corazón no se gasta. Nadie se cansa de amar porque es un reciclaje, una batería, un motor de vida.

Necesitamos cultivar las emociones elevadas, el buen humor, la confianza, la entrega, la serenidad, el ímpetu creativo, la palabra, el entendimiento, las buenas melodías, la ternura, la pasión, la sexualidad alquímica, el entusiasmo... Cada uno está lleno de estas perlas espirituales relucientes que sólo quieren ser usadas, quieren salir a la superficie. Pregúntate si exhibes tus emociones o las escondes por temor a que te las roben. Pregúntate si has hipotecado tus sueños en pos de lo aparentemente seguro sin animarte a arriesgar. El alma tiene que manifestarse, traspasar toda coraza emocional con la fuerza de la voluntad, del poder interior personal y el anhelo de la gloria llamada felicidad personal, porque la gente que no saca a la superficie sus emociones, siempre se transforma en una persona crítica. La gente que no brilla en su interior tiene un común denominador: se pasa la vida criticando a los que sí brillan.

El mensaje para una persona que busca rediseñar su vida es que rompa los caparazones y se anime a ver por sus ojos esa esencia que lleva dentro, que está en todas partes. Recuerda que lo mejor que te puede pasar es que tu coraza, tu caparazón se rompa; entonces te encontrarás cara a cara con quien eres realmente. La perla que ha estado allí marea tras marea, día a día, esperando ser descubierta de las profundidades y exhibida en la superficie, saldrá. Igual que una flor que está desnuda, expuesta y mostrando toda su grandeza. Sí hay peligros, pero la flor confía en su destino: florecer, mostrar su perfume, exhibir su belleza, realizarse a sí misma. Igual que la flor, ése es nuestro destino también.

Emociones ilimitadas

Nos espera un camino de transformación. Las puertas
cósmicas más allá del 2012 se abrirán de par en par.
Allí quien esté preparado para la nueva vida renacerá en
un cúmulo de emociones que jamás hemos soñado.

Estamos en el mismo punto en que debió estar Alejandro Magno cuando ignoraba que el mundo era más grande de lo que imaginaba. Los sabios de antaño no conocieron el teléfono, las computadoras, Internet... Ahora la mayoría de los *Homo sapiens* ignoran el potencial ilimitado que les espera.

Si practicas meditación, si apagas la televisión, si atiendes a tu impulso espiritual, si te liberas de las oxidadas cadenas religiosas, pronto se despertará algo en ti que hemos perdido, no es otra cosa que el destino de los iniciados. Evolucionar hacia algo más grande, a un ser de emociones ilimitadas, de libertad, de unidad cósmica y de interacción.

Pronto las estrellas estarán al alcance de la mano...

Emoción significa movimiento de energía de adentro hacia fuera. Cuando reprimes o censuras y juzgas una emoción, estás bloqueando la energía creativa de la vida. Somos seres emocionales, somos acuáticos, no terrestres. La vida es pura emoción. Expresar las emociones significa dejar hablar al corazón. Las emociones son la voz del corazón y los pensamientos la voz de la mente. Muchas veces se reprime al corazón por pensamientos de miedo, ira o preocupación. El corazón es valiente, es la conexión directa con el gran corazón. La fórmula para rediseñar tu vida es unir la inteligencia al corazón. De esta forma, el amor no será nunca ciego, sino clarividente.

Ejercicio para conocer tus emociones

1. Haz una lista de cómo expresas las siguientes emociones:
   Ira: ¿la expresas o la reprimes?
   Miedo: ¿lo llevas contigo mucho tiempo o lo descartas por el valor?
   Preocupación: ¿la mayor parte del tiempo te mantienes preocupado por algo?
   Culpa: ¿sientes culpa por algo?, ¿reflexionas si es real o un simple invento?
   Hastío: ¿sientes que tienes hartazgo de alguien, de un trabajo o una actividad?

2. Para expresar la ira toma un cojín y descárgala allí. O realiza el ejercicio del hachero. Con las piernas abiertas, de pie, entrelaza las manos, toma aire, lleva los brazos hacia arriba y bájalos enérgicamente con el sonido: ¡ah!, varias veces hasta que se produzca una descarga.

3. Pasa una tarde reflexionando sobre tus emociones, es mejor en una plaza o jardín.

4. Haz una lista de los pensamientos que vienen a tu mente durante una hora.

Capítulo 2
REDISEÑA TU CUERPO

La juventud es un estado del alma

*Cuantos más años pasan, si haces las cosas
bien, deberías ser más joven.*

De acuerdo con lo que se preveé, después del cambio magnético y del paso de la Tierra por el cinturón fotónico a partir del 21 de diciembre de 2012, nuestros cuerpos cambiarán por completo en su genética y su apariencia. Para alguien que no está familiarizado con las últimas investigaciones, puede sonar muy extraño, pero ansiamos que sea así. ¿Imaginas un cuerpo con tanto potencial en su nuevo ADN que nada sea imposible? En la actualidad, al cuerpo físico se lo fuerza completamente a trabajar, comer mal o descansar poco. Hay otra cantidad de gente que se cuida tanto en su estética como en su salud holística. Debemos de estar preparados para el cambio genético y la evolución de nuestros cuerpos físicos, mentales, energéticos y espirituales. Allí está el quid de la cuestión, en la evolución del homo sapiens.

La perfección del cuerpo

*Del mismo modo que un coche no puede circular
sin un conductor, no hay espíritu sobre la tierra
que pueda expresar su amor sin el cuerpo.*

La transformación de la energía y la conciencia se realiza en el cuerpo, ya que éste es el envase del alma y nuestro laboratorio donde realizamos la evolución terrestre. También es el terreno donde podemos plantarle las semillas del placer o las espinas del dolor, del martirio y los malos hábitos. Si quieres rediseñar tu vida, acepta tu cuerpo y cuídalo, venéralo, ámalo. Porque si no cuidamos el vehículo, no podremos hacer ningún viaje lejos. Todas las funciones del cuerpo son perfectas, puesto que está diseñado de una forma tal que el estado de homeostasis se produce permanentemente, pero debido a los malos cuidados y las causas psicoemocionales, el cuerpo puede enfermar o debilitarse. Necesitamos meditar en nuestras funciones, llevar energía a los órganos, músculos y huesos. El cuerpo es el primer estadio de nuestra evolución espiritual, ya que contiene toda nuestra historia personal, desde pequeños lleva adherido el estigma de nuestra vida, todas nuestras emociones, posturas, acciones y hábitos. En este libro tendrás muchas formas de cuidarlo, desde la respiración, la alimentación, la meditación y las intenciones, porque comprenderás que es completamente diferente cuando la energía se mueve por toda la red de meridianos y alimenta además con sangre y energía todos los sistemas que cuando hay bloqueos y dolores. Es vital practicar los cuidados del cuerpo físico si luego queremos cambiar el ADN y subir más la vibración a partir de la alineación planetaria del 21 de diciembre de 2012. Ahora utiliza los baños de inmersión con sales minerales, las duchas dinámicas, el descanso, la actividad energética, los aceites esenciales para la piel, la actividad sexual alquímica, la meditación y el yoga, las danzas, los baños de sol, las técnicas respiratorias, el *jacuzzi* y las saunas, las buenas posturas en el trabajo, todo ello contribuye a establecer un programa de cuidados que nutrirá al cuerpo en todos los ángulos posibles preparándolo para el cambio geomagnético. Nunca reprimas los llamados del cuerpo, ni los deseos ni sus necesidades, no podemos postergarlas, son su forma de hablarnos, de la misma forma que el dolor en el cuerpo nos habla de una energía que no fluye y está bloqueada. En la visión para rediseñar la vida no nos interesa que una persona se oriente al narcisismo ni a la competitividad de los músculos abdominales en la playa, más bien lo que nos interesa es la buena forma física y la salud general. El cuerpo es arte, es poesía en acción y es también un misterio. El origen del cuerpo humano se remonta a milenios. Algunas teorías dicen que sale del barro, otras explican que fue producto de la evolución de los monos. No apruebo ni me interesa ninguna postura. Te has puesto a pensar ¿quién ha cuidado al primer bebé? Porque supongo que Adán no apareció de súbito a los treinta años, por lo que tuvo que haber un primer niño (o muchos) antes que él. ¿Quién los amamantó? ¿Quién le dio cuidados? El "primer hombre" tuvo que estar vigilado por algún adulto. Sostengo una teoría distinta en mi novela *El secreto de Adán*, documentada en estudios realizados por paleontólogos y arqueólogos. Creo que pronto nuestro origen no será más un misterio.

Cuerpo y espíritu son uno

¿Quién indica la frontera imaginaria del espíritu y la materia? ¿Dónde comienza uno y termina el otro?

Muchas religiones han mutilado y condenado el cuerpo en pos del espíritu. El cuerpo es el campo de juego donde desarrollamos, potenciamos y activamos nuestra espiritualidad. Hay que saber que cuando se produce un problema a nivel emocional, espiritual o energético, luego puede trasladarse al cuerpo físico en forma de dolor o enfermedad, afectando el funcionamiento luminoso de las células que son luz, pues las emociones negativas las afectan y deterioran. El cuerpo somatiza lo que le damos. Desde hace años la ciencia sabe que tenemos un ochenta por ciento de líquidos en nuestro cuerpo físico. Ahora bien, el agua tiene relación directa con las emociones. Una persona que reprime sus emociones, daña el espíritu quitándole la libertad para expresarse y, al mismo tiempo, detiene el flujo de líquidos en el cuerpo, lo que puede producir una retención de líquidos y de energía. Ésta es una de las formas más comunes que tiene el ser humano de autorreprimirse y generar conflictos entre lo que siente, piensa y actúa. Tanto el espíritu —nuestras emociones, sentimientos y anhelos— como nuestro cuerpo físico deberían ser afinados como un instrumento de música, cuidar el cuerpo con una alimentación inteligente, sana y variada, y cuidar el espíritu con un conjunto de emociones positivas. Uno mismo decide todo. ¿Quién opta pensar positivamente o buscar la negatividad de las cosas? ¿Quién decide criticar o crear? ¿Quién determina quedarse con la ira o con la paciencia? ¿Quién quiere comer alimentos energéticos o comida basura? ¿Quién elige abrazar o insultar? Esta libertad nos permite estar en paz y alegría espiritual y, al mismo tiempo, brillar con mucha salud y vitalidad en el cuerpo. En Estados Unidos cada vez son más alarmantes las estadísticas que muestran la obesidad de la gente y los problemas graves de salud que esto trae. Comer comida basura y no cocinarse de manera apropiada el alimento indica que hay poco amor propio, pereza y gula. La consigna de estos tiempos es armonizar espíritu y cuerpo, ya que son amigos, además es imposible dividirlos. ¿Quién indica la marca que genera la frontera imaginaria del espíritu y la materia? ¿Dónde comienza uno y termina el otro? Cuidar sólo el espíritu es imposible y además nocivo. Mucha gente cree que su vida espiritual consiste en rituales, plegarias o festejos de fechas históricas. La vida espiritual es abrir el corazón a la vida, ser abiertos, expansivos, silenciosos, divertidos, entusiastas, directos, francos. Una persona que cuida su espíritu es simple y natural, esto es algo excepcional en un mundo de multitudes dormidas. Simple y natural espiritualmente pero con profundidad e inteligencia, somos individuos indivisibles, holísticos. Por más espiritual que sea una persona necesita de una boca para besar, para cantar, de unos brazos para abrazar, para ducharse. Todo sentimiento espiritual, toda caricia, todo afecto desemboca en el cuerpo para hacerlo visible. Cuando el cuerpo produzca su mutación genética, las células irradiarán pura luz, tendremos un nuevo estado de conciencia, un estado donde el cuerpo será pura luz. Es tarea personal que cada uno cultive, cual jardinero metafísico, su espíritu, su cuerpo y sus semillas emocionales, es decir, el árbol de sus sentimientos. Dentro de nosotros hay un sabio interior que elegirá lo mejor para que todo funcione como lo que es, un equipo, una unidad entre todas las cosas. Esta inteligencia es uno de los primeros síntomas del despertar genético de la humanidad.

Meditación para crear fusión y luz en el nuevo cuerpo

Ejercicio

PRIMER PASO

En postura de meditación, siéntate con las piernas cruzadas y la columna recta. Inicia el proceso de relajación. Inhala y exhala varias veces, comienza a sentir que todo se afloja, músculos, huesos, vértebras, órganos, glándulas, células. Percibe cómo se libera cualquier rastro de tensión durante la exhalación.

SEGUNDO PASO

Concentra tus pensamientos en sentirte conscientemente dentro de tu cuerpo. Deja pasar los pensamientos de distracción. Llénate de amor hacia ti mismo y perdona todas las experiencias pasadas. Imagina y envuélvete de energía, de amor únicamente; para lograrlo mueve tu cuerpo hacia arriba en cada inhalación y hacia abajo con cada exhalación.

TERCER PASO

Imagina un cordón de luz. En los hombres éste saldrá desde el chakra raíz en la zona sexual y en las mujeres desde el segundo chakra, ubicado debajo del ombligo. Conéctalo al centro de la Tierra para que por medio del cordón baje cualquier energía negativa o de cansancio y sea drenada y transmutada en el planeta.

Cuarto paso

Ahora siente la energía nueva y reciclada de la Tierra en constante flujo hacia tus pies, tus piernas y directo al chakra raíz, y nuevamente hacia abajo mediante el cordón de luz. Visualiza sobre tu cabeza una nube de energía dorada universal y permite que fluya a través del chakra corona, en la cúspide de tu cabeza y a lo largo de la espina dorsal hasta llegar al primer chakra. En el momento en que las dos energías se encuentren, déjalas mezclarse y fluir en bajada por medio del cordón de luz. Toda la energía conecta los chakras armonizándolos. Al llegar el fluido a la garganta, sepáralos en tres arroyos, uno a cada lado de los brazos y la mano saliendo hacia fuera, el otro hacia el tercer ojo y hacia fuera de la corona, de esta manera visualiza una fuente de luz, poder y amor rociando el cuerpo y el campo energético, tu aura.

Quinto paso

En este punto realiza la purificación del aura, el campo electromagnético que anima el cuerpo físico y todas las funciones mentales, emocionales y espirituales. Con las manos juntas y a unos treinta centímetros delante del cuerpo, recorre la parte frontal. Con las manos sentirás el límite del campo áurico, identificándolo como tensión o presión; lo que tienes que hacer es empujarlo hasta sentirlo cómodo y limpio.

Sexto paso

Al finalizar, llena tu aura con energía dorada o blanca. Visualiza un huevo dorado y rosado para proteger tu campo energético con el cuerpo físico dentro. Los orientales lo llaman "el huevo de Brahma", que representa la creación. Este cierre energético será un protector de cualquier energía que no vibre elevado y que pueda afectarte. Ahora estás en paz y unidad en tu energía y tu cuerpo.

Capítulo 3

REDISEÑA TU RESPIRACIÓN

Inspirar es inhalar vida para crear tu realidad

Si uno practica inspiración respiratoria con técnicas de Inside Joy, tendrá como consecuencia inspiración artística, inspiración espiritual e inspiración sexual.

La respiración es nuestro principal alimento. El ser humano puede permanecer sin comer treinta o cuarenta días, pero sin respirar sólo unos minutos. Cuando el bebé nace su primera acción es respirar. La respiración es vivir o morir, si no respira, el bebé siente que muere y ello le da el primer impacto desde el nacimiento. Los estudios acerca de la respiración holotrópica o el *rebirthing* dicen que ese primer trauma tiene consecuencias en nuestra vida. También Osho mencionó que un bebé debería ser respetado en respirar por sí mismo y luego cortar el cordón umbilical. Gracias a mi experiencia de más de veinte años he diseñado un sistema de crecimiento personal llamado Inside Joy[1], que lleva al camino del goce interior, el cual está basado en respiración, meditación, potenciación del ADN, las facultades ocultas de los chakras y el cerebro, y en todos los pasos que se siguen en este libro para rediseñar la vida hacia la plenitud personal. A lo largo de estas páginas iremos aprendiendo parte del método y conoceremos todos los aspectos que podemos rediseñar y transformar. Sabemos que de la respiración dependerá nuestro nivel de energía; si nos alimentamos bien por medio de una profunda respiración, tendremos la salud energética y física correcta e

---

[1] Inside Joy: método creado por el autor para activar la evolución.

incluso podremos producir una transformación de la energía y la conciencia. La respiración es el hilo conductor que une el cuerpo, la energía, la mente y el espíritu. Lo más importante de la respiración es que no está conectada ni al pasado ni al futuro, la respiración es siempre en el momento presente. Si sabes que la respiración y la mente están ligadas, estarás consciente de que al focalizar ambas en el presente, siempre respiramos el instante eterno. La mente que se centra en el presente también está libre de los recuerdos del pasado y de las preocupaciones del futuro.

¿Luz propia o chispas ajenas?

Quien enciende la luz de su alma y la melodía del corazón no necesita purificarse de ningún karma.

Necesitamos poder en dos aspectos: electricidad y magnetismo. Cuando ejercitas las prácticas de este método todo tu cuerpo se electrifica, se llena de dinamismo, luz, vitalidad y lo rodea una fuerte vibración. No podemos pasar por alto el conocimiento esotérico. Llenarse de luz es una realidad científica. Entre más oxígeno y prana tomes, las células se cargan de más luz, los órganos se nutren mejor, el corazón y el cerebro funcionan óptimamente, la energía sexual kundalini se potencia. También al aumentar la vibración comienzas a conectar con otros niveles de vibración de la vida y ésta te dará las vivencias acordes a esa vibración. Si vibras en un estado luminoso, iluminado, las circunstancias serán favorables para la realización de tu destino. Muchos alumnos me envían mensajes o me llaman a la semana siguiente de los seminarios diciendo que lo que esperaban se realizó, incluso al saber programar un cuarzo (lo cual veremos al final del libro conjuntamente con la potenciación del ADN). Ellos mencionan muchos cambios: que se encontraron con la persona que les dio trabajo; que les salió el negocio que esperaban o que el ambiente y la atmósfera de la casa cambió. Es que nuestra conciencia genera alquimia con la energía, la transforma de polaridad, le inyecta la intención, la inspiración, la imaginación y el intelecto. Son las cuatro "I" que potencian la energía. Incluso tu poder psicosexual se activa; al activar tu cerebro con el prana que está en el aire, producirás más feromonas (la fragancia sexual de cada persona) y sabrás que muchas veces es por el sentido del olfato que sientes atracción hacia alguien. Es que el olor personal es un poderoso afrodisíaco. Estas moléculas tan pequeñas controlan el comportamiento y la atracción sexual. Las feromonas se trasmiten a través de la piel y se encuentran mayormente en el sudor, la saliva, la orina, la sangre menstrual y los flujos sexuales. Tu energía se eleva, tus células irradian vida, tus fotones se vuelven más magnéticos y tu aura atrae una vibración más elevada, tu sensualidad se acrecienta y tu poder personal se refleja en el brillo de tus ojos.

Eleva tu energía

La energía está disponible mayormente desde las cinco de la mañana a las siete de la tarde. El sol es la fuente y debemos aprovecharlo.

El prana es la energía vital, la fuerza cósmica que mantiene la vida. Se compone de partículas de iones negativos, pequeños paquetes de energía en estado puro. Toda fuerza se basa en prana, la fuerza de gravedad, la atracción, la repulsión, la electricidad; sin prana no hay vida porque el prana es el alma de toda fuerza y energía. Este principio primario se halla por todos lados; está en el aire, en el alimento, en el agua, pero ninguno de ellos es el prana, sino que son portadores de prana, vehículos nada más. El aire está colmado de prana libre y el organismo humano lo puede absorber más fácilmente del aire fresco mediante el proceso de la respiración. En la respiración normal absorbemos cantidades normales de prana; en tanto que en la respiración de yoga biotántrica podemos acumular una mayor cantidad de reserva de prana en el cerebro y en los chakras, para utilizar en caso de necesitarla. El prana obedece a la mente, al pensamiento, a la visualización. El comando del prana es el pensamiento. Ésta es la llave con la que podemos abrir o cerrar la puerta de la energía frente a nosotros. El prana puede ser visto al rayo del sol o en el cielo libre de nubes frente al mar, como si fuesen diminutos espermatozoides que se mueven en el aire. Cada actividad, pensamiento, movimiento del cuerpo, lleva la forma de prana, la fuerza nerviosa es una forma de energía. El prana se vincula con el aspecto más dinámico de la energía: los iones eléctricamente negativos, partículas de energía de gran velocidad. En cambio, los iones positivos son más pesados. Una ducha nos lava del exceso de iones positivos y nos reanima. La materia es energía en acción. Todo está en constante vibración de distinta frecuencia, dando la impresión de solidez material. Todo es energía en distintos grados de vibración. Si deseamos conocer mejor el prana y aprender conscientemente a acumular más prana en nuestros chakras, el primer paso consiste en gobernar los movimientos de los pulmones, en general, y de la respiración en particular. El pranayama es el ejercicio de respiración clásico del yoga para captar el prana y alimentar los chakras. El pranayama busca despertar la otra modalidad de energía, la kundalini, el fuego interior latente en todo ser humano en el chakra muladhara. Esta energía comenzará a despertar más y más conforme nos alineemos con el centro galáctico y ejercitemos los ejercicios de respiración. Gobernar el prana es gobernar la mente. La mente no puede operar sin la ayuda del prana, ya que la mente se aquieta si la respiración también es pacífica. El pranayama es la llave que permitirá abrir los velos de la inconsciencia de los chakras dormidos, activarlos y llenarlos de luminosidad y poder.

Activar los chakras

*A partir de 2012 veremos a las personas más
como energía y menos como materia.*

Los chakras son el molde energético-existencial que nos conecta e integra con todos los planos de la existencia. Un chakra es una rueda de energía y conciencia. Dentro de cada uno hay información para que podamos sentir, percibir, pensar, crear, actuar, experimentar, comer, beber, etcétera. Cuando un acontecimiento emocional o mental no está siendo asimilado, el chakra puede resentirse, bloquearse o incluso sobreactivarse. Nuestros siete chakras son una escalera que nos eleva del nivel animal al del individuo y también a la fase más elevada: la espiritualidad. Diariamente pasamos de un plano a otro. Necesitamos que todos los planos estén vibrando en armonía, de la misma manera que un músico afina su instrumento y ensaya, una persona despierta espiritualmente, un iniciado, cuida su cuerpo, su energía, sus emociones y su psicología para que todos sus centros estén emitiendo la vibración adecuada. Los chakras se activan enormemente con las prácticas respiratorias. Esto hace que, al mismo tiempo, la conciencia individual tenga aperturas y explore espacios que antes estaban inconscientes o dormidos.

Prácticas respiratorias

1. Despertar tu poder con los tres cerrojos

*Tres llaves tiene el cuerpo físico para almacenar
energía. Al hacerlo sentirás puro poder.*

1. Adopta una postura cómoda de meditación con la espalda recta y respira por la nariz, practicando la respiración en tres fases

llenado la parte baja, media y alta del abdomen, pulmones y zona subclavicular. Notarás que la corriente de aire penetra como un caudal de prana que viene del Sol por la tráquea; el flujo de energía se encamina hacia el corazón y prosigue su camino descendente hacia el centro sexual. Retén la respiración y cierra con fuerza los dos esfínteres, el externo y el interno. Esta operación o bandha o cerrojo se llama llave de raíz o mulabandha.

2. De inmediato comprobarás que la tensión se ha prolongado al área genital, lo cual estimula las glándulas genitales donde está el poder de la vida y la creación. Debido a la llave de raíz se activa apana como energía contrapuesta a prana. Rápidamente bajamos la barbilla hacia el pecho en jalandhara bandha y notaremos el flujo de prana, que se manifiesta como una presión que desciende desde la garganta hacia el corazón y luego hacia la región genital. Este ejercicio aligera el trabajo cardiaco y se registra un leve descenso de la tensión y de la frecuencia del pulso. Se puede observar aquí que la presión de la barbilla sobre la parte superior del pecho estimula un punto de acupuntura que tonifica el músculo cardiaco. Debido al choque de las dos fuerzas contrapuestas apana y prana se produce una especie de remolino energético que repercute intensamente sobre el centro sexual, lo cual sirve para activarlo y entrenar los músculos de la región genital e intestinal. El miembro masculino se yergue, aumenta de tamaño y se excita a consecuencia del aumento de riego sanguíneo. La mujer adquiere la facultad de controlar los músculos vaginales aumentando el roce y excitación al contacto con el miembro.

3. Conteniendo ahora la respiración con los pulmones llenos de aire, apoyamos las manos sobre las rodillas, inclinamos ligeramente el busto hacia adelante y encogemos el ombligo como si quisiéramos llevarlo hacia la columna vertebral. Este ejercicio es la triple combinación y recibe el nombre de gran llave o maha bandha.

4. Ahora sentiremos una vibración eléctrica a manera de rayo caliente de luz que recorre el canal central de la médula espinal en sentido ascendente y que desemboca en el tercer ojo. Todos

los chakras se activan por el paso de la energía tremenda que va a cargar también todas las células. Mantén el aire de diez a doce segundos dentro de los pulmones y luego exhala por la nariz lentamente. Repetiremos siete veces este ejercicio. Si tienes presión alta o epilepsia, no puedes hacer ninguno de los cerrojos ni la retención del aire, pero sí la respiración completa sin cerrojos. Es importante comenzar este ejercicio con la ayuda de un maestro de yoga biotántrica o un maestro con experiencia.[2]

Recuerda los tres cerrojos:

1. Muladhara bandha: contracción del esfínter anal.
2. Uddiyana bandha: elevación del abdomen.
3. Jalandhara bandha: cierre de la garganta con la perilla al pecho.

2. Respiración completa

Abarca la parte baja, media y alta. Trabaja sobre el plano físico, emocional y mental. Inhalar, retener y exhalar en el doble del tiempo de la inhalación. Puedes respirar contando mentalmente hasta siete para inhalar y doce o catorce segundos para exhalar.

Beneficios

- Activa la circulación sanguínea.
- Beneficia el corazón (los que tienen problemas cardíacos no deben retener la respiración).
- Activa y regenera las glándulas endocrinas.
- Desarrolla la fuerza de voluntad.
- Serena la mente.
- Al aumentar el prana aumenta la energía intelectual y sexual.
- Se obtiene el poder que posee el prana acumulado, sanación psicoemocional, transmisión de energía, telepatía,

---

[2] Tanto en México como en Estados Unidos, España, Colombia y algunos otros países se encuentran profesores de mi escuela trabajando en clases y cursos; para contactarlos, escríbenos a tantra09@hotmail.com o consulta nuestra página electrónica: www.guillermoferrara.com

premonición, clarividencia, los poderes que se acrecientan
al activar el cerebro y el ADN.
- Une el prana y el apana.
- Aumenta la electricidad del cuerpo en la columna energética
y los chakras.
   Duración: de cinco a veinte minutos.

3. Respiración abdominal
Infla y desinfla el abdomen como un niño. La respiración abdominal es la primera que efectuamos al nacer.
   Duración: quince minutos.

4. Respiración circular
La respiración circular es una respiración-meditación tántrica
que tiende a disolver los límites del cuerpo y a despertar la sensibilidad energética. Es una respiración que conecta la inhalación
y la exhalación sin que haya espacio entre ellas. La inhalación y
la exhalación se realizan en la misma cantidad de tiempo. Puede
hacerse solo o en pareja, lo que despierta mucho más el círculo
que se produce entre ambos.

Beneficios:
- Despierta la sensación de unidad física y espiritual.
- Activa la energía por los meridianos.
- Amplia las fronteras de la mente.
- Prepara para entrar en meditación profunda.
- Otorga paz y silencio.
- Permite sentir la energía en el segundo cuerpo y el individuo
se llena de pura conciencia.
   Duración: de veinte a cuarenta minutos.

5. Respiración solar
Tapando la fosa nasal izquierda, inhala y exhala sólo por la fosa
nasal derecha. Esta fosa nasal está más activa normalmente los

lunes, martes y sábados, de forma más intensa durante la mitad oscura del ciclo lunar, cuando es menguante y nueva.

Beneficios:
- Activa el hemisferio izquierdo del cerebro.
- Calienta el cuerpo físico.
    Duración: siete ciclos.

6. Respiración lunar
Tapando la fosa nasal derecha, inhala y exhala sólo por la fosa nasal izquierda. Normalmente, la respiración habitual por esta fosa nasal fluye más fuerte los miércoles, jueves, viernes y domingos, se potencia cuando brilla la Luna.

Beneficios:
- Activa el hemisferio derecho del cerebro.
- Refresca el cuerpo, es útil para el verano.
- Afecta positivamente el sistema nervioso simpático y las funciones corporales.
- Activa el influjo de Shakti, el principio femenino.
    Duración: siete ciclos.

Programa personalizado
Preparación para recibir la energía
a partir de la alineación planetaria
de 2012

Por la mañana
1. Respiración polarizada: siete ciclos.
2. Respiración de recarga: diez minutos.
3. Respiración completa: siete ciclos.

4. Mahabhandas: siete respiraciones con los tres cerrojos.

5. Respiración abdominal: tres minutos.

Tiempo total: de veinticinco a treinta minutos.

Al atardecer

1. Respiración de limpieza: diez minutos.

2. Respiración para los chakras: siete ciclos para cada uno.

3. Respiración circular, solo o en pareja: quince minutos.

4. Respiración abdominal: diez minutos.

Tiempo total: alrededor de cuarenta y cinco minutos.

Los pranayamas son muy fuertes, por lo que es conveniente comenzar poco a poco, poniendo atención a las reacciones que va experimentando tu cuerpo y tu psique. Recuerda que en la naturaleza nada florece de un día para otro. Es importante tener destinado un uso para la energía que despertarás; destínala para algo creativo y para la preparación de tu cuerpo de luz.

Las personas que padecen hipertensión arterial, problemas oculares y los que han sido operados del corazón recientemente deben suspender el pranayama kapalabhati (ver capítulo 15. "Rediseña tu cerebro"), respiración de recarga y de los chakras; no así los demás porque son inocuos.

Capítulo 4

REDISEÑA TUS MIEDOS

El miedo debilita

*No hay peor miedo que el miedo a abrirse; la persona
se queja de que no tiene tiempo y se sumerge en una
burbuja de comodidad. Hay dos formas de vivir: por
miedo (en blanco y negro) o por amor (en colores).*

Hay muchos tipos de miedos. Primero debemos saber que energéticamente el miedo es la energía opuesta al amor. El miedo
tiene baja vibración y genera en el cuerpo reacciones bioquímicas
opuestas a las endorfinas que se segregan a causa del amor. Muchas
personas están tan desacostumbradas a ser felices y a compartir su
riqueza interior y su amor por miedo, que entonces construyen
muros y problemas imaginarios futuros en el temor a ser heridos.
Y si bien es algo que puede llegar a suceder, no está sucediendo
en realidad. Puede tratarse de miedo a la muerte, miedo a lo desconocido, miedo al abandono, miedo al cambio, miedo a la enfermedad, miedo a viajar, en fin. Al potenciarte espiritualmente,
derribas como consecuencia todos los miedos. El miedo es un
enemigo, aunque muchas veces sirva como alarma para el despertar. El miedo genera ira, enojo, reacciones instintivas y agresivas.
Cuanto mayor es el temor, mayor es la reacción. Al momento
de tomar conciencia de que el miedo en realidad puede llegar a
pasar, sacamos a relucir la conciencia, viendo qué es lo peor que
nos puede pasar si se cumple aquello que tememos. En definitiva,
estamos unos años en esta vida y volvemos al origen, con lo cual
no tenemos que preocuparnos tanto. Es común ver cómo vivimos
con miedo: se inculca el miedo en la familia, en los colegios, en
las religiones. Hay un miedo social impuesto por los gobiernos

de turno. El miedo es una venda que no deja ver la realidad y la ventana positiva del mundo. Con la misma conciencia podemos elegir qué camino seguir: miedo o amor, oscuridad o luz, dudas o certezas, confianza o desanimo; uno mismo elige. Si arrancas las raíces del miedo, que generalmente corresponden al miedo a la muerte, todos los demás miedos pierden poder. Si tienes la chispa divina, el fuego sagrado, que es más fuerte, inconmensurable, infinito y que no está sujeto a ningún temor, emanará. ¿Para qué temer? ¿Por qué no usar la conciencia que todo lo ve? Apóyate en eso. Siéntelo. La mente genera ilusiones, temores, ansiedades. Recuerda que todas ellas no están sucediendo, todo es imaginario. Tú creas tu realidad, tenlo presente. Escucha tu corazón, sé fiel a tu poder, conecta con el corazón de la vida. Danza. Celebra. Deja que emerja tu poder con total claridad en tu vida. Cuando la energía está puesta en la luz interior, en la fuerza del alma, de la misma manera que al encender un interruptor la oscuridad desaparece, así cuando enciendes la luz interior, la oscuridad de los miedos se va. La oscuridad es ausencia de luz y el miedo ausencia de amor y voluntad. ¿De qué manera se enciende la luz interior desde las células a la conciencia? Realizando prácticas energéticas, transformando el desgano en voluntad, dejando que los chakras y la bioenergía se eleven, refuercen tu sistema y dejen que la conciencia sea el pilar básico de tu vida. Al estar consciente, estás despierto; con miedos en tu mente, estás dormido e inconsciente ante la realidad divina.

La soledad del tigre

El tigre se mueve solo, el águila se mueve sola... En cambio, las ovejas se mueven en rebaño. El tigre y el águila no le piden permiso a nadie para desplazarse de un lado a otro. En cambio, las ovejas, ignorantes del poder, se agrupan pensando que son más fuertes cuando en realidad se amparan en la ignorancia y el miedo. Si un águila te invita a las cumbres que ya conoce, síguela.

Cuando me refiero a un águila, hablo de una persona águila o una persona tigre, es decir, una persona sabia, un libro, un acontecimiento, un momento en la vida que te eleva. En la vida estamos todos entretejidos para elevarnos. Todos somos únicos. La soledad es un momento para el enriquecimiento de nuestra individualidad. Individuo significa indivisible, cuando no nos sentimos fraccionados, cuando estamos plenos, íntegros, somos individuos. La individualidad viene plasmada por la originalidad. Cada ser tiene un sello especial, un don, algo que lo hace único. Cuando un artista se destaca, lo hace por medio de su originalidad, porque la muestra. Luego vienen las copias, los que quieren ser como tal, no los que quieren ser como ellos mismos. A lo largo de la historia, los individuos (primero fueron los ganadores de la carrera de quinientos millones de espermatozoides) siempre se han lucido (han mostrado su luz) con las cualidades que el universo le imprimió. Es tan genial la creación que existe la individualidad y también dentro de ella la diversidad. Un mismo cantante puede brindarnos una melodía y otro cantante otra muy distinta, y con ambas canciones emocionarnos. Para el tantra, el camino comienza en uno mismo, porque no se puede dar lo que no se tiene. Entonces, lo primero es sentirnos uno, sin divisiones, sin conflictos, sin mutilar la psique entre lo bueno y lo malo, lo moral y lo inmoral. Tenemos que ser íntegros sin ver líneas y límites que no existen.

Cuando lo que sentimos está en armonía con lo que pensamos, la acción será equilibrada y armónica. En la medida que la energía se incremente por las prácticas tántricas, desde las danzas, los masajes, las meditaciones, el yoga y los ritos sexuales, sentiremos más adherida la capacidad individual, la luz encendida, la posibilidad de sentirnos una gota. Cuando esto sucede estamos listos para dejarnos caer en el mar y disolvernos. Resulta paradójico, pero primero debemos integrar nuestra individualidad, o sea, descubrir la luz personal para luego integrarla en la luz de la fuente, de eso se trata el propósito de la vida: la iluminación del espíritu humano en lo divino. Recuerda una y otra vez que soledad al revés es la edad del sol, un período necesario para percibir nuestra presencia en armonía con la sinfonía cósmica. Ciertamente, necesitamos períodos en solitario para generar el combustible necesario y vibrar en un estado superior para efectuar el llamado a la otra parte, de la misma manera que lo hacen los animales. Atraeremos lo que emitimos, por ello esas fases de nuestra vida sirven para subir y expandir la luz individual, porque la universalidad está en cada individuo.

Nacer y morir... ¿Eso es todo?

¿Qué pasaría si una persona que sabe cuándo es el día de su nacimiento conociera también el día de su muerte?

Creo que no sabemos que hay vida después de la muerte, porque si supiéramos que del otro lado no se pagan impuestos, no hay esfuerzo ni dolor, donde podemos vivir como conciencia y no tener que sufrir ni tener dudas, todo el mundo se querría ir a existir allí y ¡habría suicidios en masa! En cambio, es un misterio porque no sabemos si hay vida o no. Entonces la gente se apega a esta vida por temor de que sea la única. Si supiésemos el día exacto de nuestra muerte tal como el de nuestro nacimiento, ocurrirían fenómenos que nos harían valorar más cada momento:

1. No dejaríamos las cosas para mañana.
2. El miedo a la muerte se acrecentaría o desaparecería por completo.
3. Valoraríamos más la existencia y a toda la gente.

Pero el final es un misterio, sólo para que exista la posibilidad de descubrir la manera de no morir nunca como humanos o recordar que somos dioses. Aunque... si ya fuésemos eternos y creáramos como un juego esta experiencia humana temporal, sin recordar nuestra eternidad, sólo porque la eternidad a veces podría ser aburrida, ¿qué sucedería? Lo importante es valorar cada instante y contemplar la posibilidad de recordar lo que ya sabemos y que está en nuestro interior, algunas veces tapado por creencias, hábitos y miedos. Cuando recordamos y comenzamos a sentir que somos eternos, cambia radicalmente nuestra vida.

Todo o nada

Mis veinte años de práctica en mi camino personal me enseñaron que es todo o nada. La vida te muestra el precipicio y te empuja deliberadamente. O despliegas tus alas y vuelas, o te caes en picada. Claro que también hay gente que se queda sin volar y sin caer por quedarse en el borde en pos de la seguridad y el confort, inmovilizados por el miedo y las creencias, no llegan a ningún lado.

Por ejemplo, tenemos ese patrón mental tradicionalista de que "el amor es ciego". La visión de la nueva espiritualidad es justamente la opuesta: el amor es luz y conciencia. Osho decía: "El amor puede existir en dos dimensiones: horizontal o vertical. Estamos familiarizados con el amor horizontal; ésa es también la dimensión del tiempo. La vertical es la dimensión de la eternidad. En tu corazón anhelas lo permanente. Ahí has malinterpretado. Pero esa mala interpretación es casi universal porque conocemos sólo un plano: el horizontal, la dimensión del tiempo. En esa dimensión hay sólo dos posibilidades. O algo es momentáneo o es permanente. Pero lo permanente no es otra cosa que muchos momentos uno junto al otro; eso también empieza y termina. La permanencia no es eterna, no puede serlo. Nada puede ser eterno en el tiempo. Lo que nace en el tiempo está destinado a morir con el tiempo. Si hay un principio, hay un fin. Tu amor tiene un comienzo; empieza en un cierto momento en el tiempo. Entonces tiene que acabar. Sí, puede terminar más tarde o más temprano. Si termina rápido tú lo llamas momentáneo; si tarda un poco más de tiempo en llegar a su fin, lo llamas permanente. Pero esa permanencia tampoco llenará de satisfacción al corazón, porque el corazón anhela aquello que no acaba nunca, aquello que es para siempre. Es la añoranza de Dios. Dios es otro nombre para el amor eterno. Pero la mente no sabe nada acerca de la eternidad. El corazón añora lo eterno, pero la mente continuamente interpreta los anhelos del corazón. La mente sólo conoce o bien un amor vivido durante muy poco tiempo o el amor experimentado durante un poquito más de tiempo. Pero aunque el amor perviva un poco más, el miedo de que acabe siempre estará ahí. Tu miedo está justificado: se va a terminar. En realidad, durará más si no eres inteligente. Si eres muy, muy torpe y muy, muy poco inteligente, te llevará mucho tiempo darte cuenta de la futilidad de ese amor. Si eres inteligente se acabará rápido, porque verás que no es gran cosa. Cuanto más inteligente es una persona, más corta será la duración de su amor, del amor tal y como lo conoces. Por eso a medida que la humanidad se vuelve más inteligente, el amor se va convirtiendo en un fenómeno de corta duración. En el pasado era casi permanente; no había algo como el divorcio. Todavía no hay algo como el divorcio en los países incultos. Cuanto más educado, culto y sofisticado se vuelve un país, el promedio de divorcios aumenta en la misma proporción, por la sencilla razón de que la gente se da cuenta de que se aburre el uno del otro. No tiene sentido seguir alargándolo, es mejor terminar. La mente puede terminar una cosa e inmediatamente sustituirla por otra ilusión, una y otra vez. La mente no aprende. Incluso la persona inteligente sigue sin aprender. La mente se ha hecho tan poderosa que nada de lo que surge del corazón llega nunca a ti, a tu ser, sin que ella la interprete. El corazón dice "eternidad" y la mente interpreta "permanencia". Ahí es donde te equivocas. El anhelo del corazón es una dimensión vertical; ésa es la dimensión de la meditación. No te estás comportando como un estúpido por culpa del anhelo del corazón, sino que lo estás interpretando mal. Tú anhelas un amor que nazca de la meditación, que no nazca de la mente. Ése es el amor del que hablo continuamente. Ése es el amor del que habla Jesús; ese amor es Dios. No es tu amor; tu amor no puede ser Dios. Tu amor es solamente un fenómeno mental; es biología, es fisiología, es psicología, pero no es eterno. Te sugiero que si realmente estás dispuesto a satisfacer el anhelo de tu corazón, olvides entonces todo lo referente al amor. Primero dedícate a la meditación, porque el amor surgirá de la meditación. Es la fragancia de la meditación. Meditación es la flor. Deja que se abra. Deja que te ayude a moverte en la dimensión de lo vertical, en la no mente, en la ausencia de tiempo y entonces, de pronto, verás que la fragancia está ahí. Entonces es eterno e incondicional. Ningún sueño puede ser permanente y tu amor es un sueño. La mente sólo puede soñar; no puede darte realidad. Sal de la mente. Olvida todo sobre el amor. No tienes ninguna comprensión del amor, no puedes tenerla. Sólo mediante la meditación cambiarás la dimensión de tu ser. De la horizontal pasarás a la vertical. De vivir en el pasado y en el futuro... Ahora bien, ¿por qué querer la permanencia? Permanencia quiere decir que estás tratando de contar incluso con el futuro. Quieres que siga siendo como es, aún en el futuro, pero, ¿por qué? En realidad ya debe de haber volado lejos, sólo entonces empiezas a pensar en lo permanente. Cuando dos amantes están realmente ilusionados no piensan en la permanencia de su amor. Pregunta a cualquier pareja de amantes en sus días de luna de miel, no les importa. Saben que van a estar juntos para siempre. En el momento en que empieza a escaparse de tus manos, la mente dice: "Ahora aférrate. Hazlo permanente. Haz todo lo que puedas para hacerlo permanente. No te fijes en las fisuras que se están produciendo. No mires, evítalo, olvídalas del todo. Sigue tapándolas, arréglatelas de algún modo". Pero estás pidiendo lo imposible. Yo te puedo enseñar meditación y desde ella surgirá una cualidad diferente de amor. Entonces no será tontear, sino sabiduría. Entonces no "caes enamorado" (del inglés *to fall in love*); al contrario, te elevas en el amor (*to rise in love*). Entonces, el amor es una cualidad tuya. Así como la luz rodea a la llama, el amor te rodea. Tú eres amoroso, eres amor. Entonces es eterno. No está dirigido a nadie. Cualquiera que se acerque a ti beberá de él. Cualquiera que se te acerque resultará fascinado por él, enriquecido por él. Un árbol, una roca, una persona, un animal, no importa. Incluso si estás sentado, solo... Buda, solo, sentado bajo su árbol está irradiando amor. El amor está constantemente lloviendo a su alrededor. Eso es eterno y ése es el verdadero anhelo del corazón.

Me permití anexar todo este párrafo aunque es extenso porque no tiene desperdicio. Somos un diamante que brilla con luz propia, ese brillo es el amor que puede iluminar e inspirar a más personas. Ese brillo está dentro de cada uno.

¡Cuidado con las programaciones!

Las sociedades quieren que el individuo viva programado. Generan un modelo estándar para que tú lo sigas y pierdas la individualidad.

La programación de la sociedad sucede de diferentes maneras. Con una idea política o religiosa, un pensamiento antinatural que circula por generaciones transformándose en creencia es la presión de la moda, el énfasis en que al tener algo consigues ser respetado, las películas con argumentos manipulados en el cine, las publicidades... Y más y más imágenes para que tu mente esté programada sin que te des cuenta. Saltar fuera de la masa equivale a dejar de ser una oveja y convertirte en un tigre. El tigre es sigiloso, consciente e indomable. Las ovejas son predecibles, gobernables, manipuladas, dóciles. Ya mencioné que una persona que actúa como una oveja es completamente gobernable. Las personas tigre, por dentro, son rebeldes, autosuficientes, contentas consigo mismas y respetan su individualidad. La mayoría de las escuelas no educan a los niños, los programan. Saltar fuera de la masa es no permitir que nadie te domine ni te imponga nada. Es vivir sin miedos, sin superiores, sin condicionamientos. Vivir en libertad. La gente libre disfruta plenamente del espacio-tiempo personal desde que nace hasta que muere porque recuerda constantemente que la voz de la vida le dice "realiza tus sueños, vive íntegramente"; y la voz de la muerte le susurra: "hazlo antes de que yo venga a buscarte y sea demasiado tarde".

Salir de la programación equivale a ser consciente de cualquier posibilidad de adormecerse y estar despierto. Salir de la masa es marcar por sí mismo el camino del destino personal, ir por donde te apetece, crear tu realidad, expandir tu capacidad de elección, respeto y veneración por el regalo que has recibido, que no es otra cosa que tu vida misma. Nadie puede decirte ni programarte para vivir, lo puedes hacer por tu cuenta pintando el lienzo de tu destino con tus propios colores. Recuerda que la programación se basa en la creencia, ya que la creencia es algo que se extiende por generaciones como un veneno por tu sangre y tu mente aunque no lo veas. Muchas instituciones han programado la mente del hombre. Lo han hecho con una misma fórmula: la repetición. Si quieres programar a alguien para que siga dormido, repítele siempre lo mismo, no dejes que pase mucho tiempo antes de que lo olvide. Y repite, repite, repite... como un mantra o una canción que se pega en la mente. Toda campaña basada en la repetición inconsciente es programación para dominarte.

Con la creencia no te salvas

Creer en el agua no es suficiente, hay que beberla; creer en un cambio no es suficiente, hay que gestarlo; creer en el Sol no es suficiente, hay que sentirlo; de igual manera con creer en Dios no alcanza, hay que buscar conocer la fuente dentro de ti. La creencia es el salvavidas de los ignorantes. En la vida lo que cuenta son las vivencias, no las creencias.

La creencia vuelve a una persona rígida, estructurada, con falta de espontaneidad. En cambio, cuando te rijas por la vivencia, por la experimentación dinámica, sucederá que cuando te despiertes a la mañana seas un resorte de entusiasmo que quiere vivir, que tiene mucho por disfrutar. Sentirás que te levantas con el sol, que eres uno con la vida, que tienes integración. La energía acumulada produce una alquimia emocional. Sentirás la plenitud, el contento, el amor que nace de ti como rayos de luz. En la mañana, cuando todo vibra limpio, puro y no contaminado, tu conciencia se expande y se abre a todas las oportunidades del nuevo día. El poder de la creatividad se distribuye por todo tu universo personal. Estás con más fuerza, con más claridad, con un ímpetu vital que tus compañeros de trabajo notarán. Serás una luz en movimiento. Recuérdalo constantemente: eres una luz dentro de un cuerpo físico en acción. El mismo conocimiento e información que para algunos libera, para otros es peligroso.

Ilusión de la mente o realidad del alma

¿Cómo sabes que ahora mismo estás existiendo y que no es un sueño? Dirás, porque siento, porque canto, porque río, porque puedo ver la gente pasar por mi lado, porque puedo besar... ¿Eso es una creencia o lo experimentas? Tú no crees que danzas, que ríes o que besas. ¡Tú lo estás haciendo! Por eso no tengas creencia de que estás vivo... Despréndete de las creencias...¡Haz el viaje y vive!

En todas las culturas, incluso hoy mediante la clonación y la prolongación de la vida con la medicina y la estética, se buscó la inmortalidad. Desde los egipcios hasta las culturas de la India todo el globo acuñó esta idea. Se dice que Walt Disney, el célebre creador de dibujos animados (muchos de ellos con mensajes subliminales de evolución para los niños, ya que Disney era masón), está congelado esperando que la ciencia invente cómo volver a la vida los cuerpos. No gires la cabeza de lado en señal de incredulidad porque el cuento "La bella durmiente" se refiere a lo que en Oriente se llama kundalini, es decir, a la energía sexual dormida en el primer chakra. Cuando esta energía se despierta por la llegada del príncipe (la conciencia), asciende por los centros potenciando al ser humano y expandiendo su conciencia hasta sentir que la divinidad está dentro suyo. Otro ejemplo de ello es la historia de "Los siete enanitos", que representa los siete chakras o centros de poder del ser humano.

De esta forma, en el inconsciente colectivo de los niños entra el mensaje de aquella forma simbólica de enseñanza como aprendían los antiguos. El símbolo es a veces más directo y más fuerte que la palabra. Como vemos, la búsqueda de nuestra inmortalidad está directamente conectada con todas las culturas. Los griegos decían "Hombre, conócete a ti mismo y conocerás al universo y a los dioses". ¿Te suena extraño? Puede ser, ya que el mundo personal de mucha gente gira en tener cosas, en el futbol, en la política, en la estética y en la rutina del trabajo.

Es revolucionario saber que a lo largo de los milenios muchas instituciones han tratado de dividir al ser humano porque siempre su lema fue "divide y reinarás". Han dividido al ser humano de la visión holística y multidimensional del sexo puesto que gracias a él puedes sentir la eternidad de tu alma. ¿Por qué crees que las religiones iban a condenarlo tanto? ¿Por qué crees que se ha generado un tabú al respecto de esto y no con la comida o la cultura o cualquier otro aspecto de la vida? Porque el sexo es un camino para sentir la inmortalidad del momento presente. Si tú puedes llegar a sentir eso con tu amante, no necesitan intermediarios ni mecanismos de poder y sumisión. Nosotros tenemos dentro la capacidad para ascender de los impulsos instintivos animales a los sentimientos humanos, para saltar hacia el mundo de las percepciones divinas. Nos han inculcado poner el sexo en un nivel puramente animal, que no está mal, pero que sólo es el primer escalón. La gran mayoría de las personas se queda satisfecha con este escalón sin continuar subiendo. Imagínate que tú siempre pisas día tras días el escalón, ¿no terminaría por desgastarse al tener siempre la misma huella? Es por eso de mil y un maneras han puesto trabas para que no subas más. ¿Y qué pasa si continúas subiendo?

La gran posibilidad de evolución está en la meditación, en la iluminación de las células, en desenrollar el poder del ADN, en el sexo alquímico, en la acción consciente; todo ello nos potencia en la expansión como seres conscientes. La conciencia es lo que nos dota de inteligencia y capacidades. Cuando una mujer y un hombre comprenden que dentro llevan la semilla divina, hacen todo lo posible para que los actos, los sentimientos y los pensamientos vengan directamente de esa área y no de la mente y del ego.

Los seres despiertos se identifican por ser creativos, amorosos, espontáneos, estar de buen humor, ser auténticos, vivir en el presente, ser positivos y demostrar capacidad para sentir agrado en el silencio y en la soledad, con un mundo interior rico y diverso, dispuestos, sensibles a la belleza y la delicadeza, confiados, sexuales, sin apego al pasado y con mucha vitalidad.

Normalmente conocemos que la mayoría de la gente está cansada, se fatiga o ve las cosas negativamente; actualmente, es uno de los síntomas de cambio, de despertar a una nueva energía, a recibir la lluvia de fotones y de magnetismo. Dijo Friedrich Nietzsche en *El culto griego a los dioses*: "[...] esforzarse en la medida de lo posible por ser el dios mismo".

El amor es una fuerza alquímica que limpia el interior de los miedos, las dudas, los conflictos y los prejuicios estériles. Los individuos despiertos tienen el poder en sus manos, porque comprendemos que la felicidad está en dar, en lo que depende de ti, de tu propia fabricación. Al crear y fabricar tu presente y tu realidad, modificas tu pasado desconectándote de programaciones genéticas heredadas y modificas tu futuro viviendo como un nuevo ser.

El mundo a tus pies

Si quieres que todo el mundo te abra las puertas, prueba hacer tres cosas: mira directo a los ojos, abre el corazón y sonríe.

En nombre de unas falsas buenas costumbres se ha llegado a reprimir un estornudo, una emoción, una sonrisa, mirar a los ojos, gestos y acciones que son completamente naturales. Naturalidad significa ser sensibles con el momento presente, ser auténticos y sin máscaras. Naturalidad significa tener la predisposición de estar abiertos a la aventura. El día que comprendemos que la vida es una aventura sorpresiva, la naturalidad emerge de las profundidades. Lo que trae la vida, los ciclos, la alineación planetaria será una aventura. Un nuevo nacimiento. Esta conciencia de naturalidad emerge ahora más potente porque la hemos tapado con estereotipos, con el olvido de quien somos, con la pérdida de la verdadera cara en pos de un ego inflamado con accesorios externos y poses. El propio ser humano ha construido sus falsas máscaras y su falsa identidad, cada uno ahora tiene que hacer su propio trabajo personal para liberar el encadenamiento de su alma. Eso es lo que los mayas llamaban "El gran salón de los espejos", un momento donde hay que mirarnos a nosotros mismos sin otra opción. Al ego le aterroriza todo lo que nuestra alma anhela. Ciertamente es así porque el ego es una ilusión dolorosa y rígida que está alerta para reforzar sus defensas y su ejército de excusas y problemas. Personalmente creo que 2012 es el fin del ego, el fin de la dualidad, el fin de la competitividad y el nacimiento de la unidad consciente, la unidad dentro de la multiplicidad.

Cuando el alma tiene un sueño, un anhelo, el ego puede fabricar impedimentos en la mente para que éstos no se realicen. El ego teme desaparecer. Esto se ha reprogramado una y otra vez por medio de todo tipo de mensajes de apego al ego. Cuando el alma recuerda que es luz, no queda espacio para las sombras del ego. ¿Quién quiere ir con una mochila llena de piedras cuando puede ir volando libremente? Todos los maestros dicen que la ilumina-ción es "ser simple y natural". Una persona valiosa es una persona natural. De la misma forma que nos desprendemos de ropas que ya no nos sirven, estamos en un tiempo cósmico donde podemos quitarnos de encima cualquier costumbre antinatural y encender el biorritmo natural de nuestro cuerpo en armonía con los ritmos de la vida, de la tierra, del sol y del sistema solar completo, así nuestro corazón estará conectado con el corazón de la vida. Es una conexión consciente. Si una persona vive de forma natural y conectada a su corazón, se convierte en un artista, alguien que co-loca arte en su vida. Si este mundo fuese un mundo de artistas del alma, no harían falta las farmacias, los abogados ni los psicólogos porque todos viviríamos de forma natural guiados por la voz del corazón y por las verdaderas leyes naturales. Esto lo predijeron los mayas hace mucho tiempo.

Se fiel a tu alma

Fidelidad consiste en hacer lo que quieres hacer
y dejar hacer al otro lo que quiere hacer.

La fidelidad consiste en escuchar el corazón. Cuando eres fiel a ti mismo, a tu alma, a la zona profunda de tu ser, nunca serás infiel contigo ni con tu pareja o amigos, porque la infidelidad es escuchar la voz egoísta de la personalidad que quiere todo para sí mismo. En general llamamos infidelidad cuando se trata de encuentros sexuales con otras personas que no son tu pareja. El macho quiere penetrar una nueva hembra y la mujer quiere liberarse con otro hombre. Existe el deseo, la atracción entre los opuestos, pero mi sugerencia (luego de haber abierto una puerta que no conduce más que a darte cuenta de que el círculo de experiencias ilusorias te lleva inevitablemente a valorar a la mujer u hombre real que amas) es que cultives su vínculo con el impulso y el celo de un artista consciente que está creando una obra genial. La relación de las nuevas parejas es artística, hay que convertirse en un artista del amor. Permitir el descubrimiento de los detalles que hacen grande la vida en pareja: crear, sorprender, excitar, motivar, cambiar, aprender, gozar, celebrar, viajar, amar, sentir, dar, servir, innovar... ¡Hay tantas cosas para que el fuego del alma se mantenga encendido! Las personas creativas y despiertas no nos dejamos devorar por la rutina o por "dar por seguro" al otro y valorarlo sólo cuando ya no está. Hay que cultivar la intimidad, ya que es algo supremo y único. Somos sabios y aprendemos que cuando existe un vínculo hay que protegerlo como a una flor de las tormentas, sea de pareja, de amistad o de afinidad energética.

Meditaciones

1. El nuevo nacimiento
Se puede realizar en solitario o en pareja. Si es en pareja, pónganse recostados en la postura fetal, con los cuerpos desnudos, respirar al unísono, profundo, lento y sonoramente, para dejar limpia la mente y permitir la profundización. Hay que recostarse sobre el lado derecho, opuesto al corazón. Te dará poco a poco una confianza en lo que eres, una semilla con potencial divino. Los miedos se irán alejando a medida que tu sentimiento de interiorización sea más fuerte.

Realizarlo durante al menos diez minutos.

2. Gibberish
Ésta es una antigua técnica sufí. Siéntate y cúbrete con una sábana. Luego pronuncia sonidos sin sentido como si hablases en otro idioma que no conoces, al menos por diez minutos. Esto produce

una limpieza fantástica de los pensamientos tóxicos, negativos como parásitos y la confusión mental. Quedarás con la energía mental nueva y fresca.

Capítulo 5

Imaginación creativa

*No imagines cosas negativas que no existen, son el origen
de mucho dolor, ignorancia y limitación. Al imaginar
creativamente estás poniendo en marcha tu potencial oculto.*

Buda decía: "Tal como pienses, en eso te conviertes". Einstein argumentó: "La imaginación es más importante que el conocimiento". Muchas veces sin que una persona se dé cuenta sucede que el pensamiento se usa negativamente, en vez de creativamente. A menudo, la energía imaginativa termina siendo realidad generando conflictos por no saber que hay leyes energéticas que abarcan desde el pensamiento a la acción. Luego la ignorancia culpa a un dios que castiga. No existe tal dios, solamente una energía cósmica que quiere lo mejor para cada uno. La fuente te regala la imaginación, pero el uso que cada uno le dé a dicho regalo es cuestión individual. Las acciones de la mente producen resultados; serán destructivos o creativos dependiendo del enfoque de la imaginación. Estamos en un tiempo de redescubrimientos, ahora la física cuántica está demostrando muchos avances que van más allá de la lógica y la razón. Cada vez es más popular el conocimiento de que la imaginación como energía mental es un medio para concretar en este plano físico lo que imaginemos. Si te detienes a pensar respecto a tus acciones, siempre primero imaginas para luego hacerlo visible. Todos los esfuerzos del ser humano para hacer realidad sus sueños se dirigen a bajar al plano visible lo que imagina. Necesitamos aprender a usar la imaginación (que es magia) para volvernos más poderosos en luz, en amor y en creatividad. La magia imaginativa se utiliza primero mediante la intención específica sobre lo que se quiere conseguir, luego mediante la programación de cuarzos conductores y potenciadores de la intención persona.[3] Es importante agregar a ello la actitud receptiva y positiva, las técnicas de respiración descritas en este libro, la acumulación de energía solar y las visualizaciones. Amo la etimología de las palabras, por ejemplo la palabra persa *magi* es de donde se deriva magia, de ésta también surgen: magisterio, mago, magistrado, magnate, magnífico, magistral, magnánimo y magnetismo. Incluso, Alejandro llevaba el nombre de *El Magno*, derivado del término griego *mag*, grande, sublime, mágico. La energía impulsada por vía de la imaginación creativa permite elevar, magnetizar y rediseñar tu vida.

Usa la imaginación creativa para abrir puertas

Se está descubriendo que todo el universo manifiesto y no manifiesto se oculta y ejecuta a través de ti. Con lo cual la falsa idea de ese dios inventado que castiga a la gente está desapareciendo.

Queda claro que la imaginación tiene dos caminos: o bien imaginas cosas negativas o cosas positivas. Ambos al final, si le imprimes mucha energía, terminan convirtiéndose en realidad. Imaginas cosas negativas que nunca ocurren y acarreas ese peso en la mente, por temor a que tu vecino te vea danzando desnudo dentro de tu casa o simplemente que te vea tomando el té, cierras las cortinas, te ocultas de los demás. Tienes miedo a que ocurran problemas, miedo a desplegar las alas, entonces imaginas cosas que no suceden, pero, ¿y si imaginaras lo creativo que puede suceder? Esto es lo que distingue a una persona con éxito y con confianza en sí

---

[3] Ver los dieciocho pasos de programación en la página electrónica www.elsecretodeadan.com

mismo. La imaginación es una fuerza neutra, el objetivo lo pone cada uno. Es un poder inmenso, porque primero la gente imagina algo que quiere crear (un edificio, una carrera, un negocio, una relación) y luego decide fabricarlo. Pero si imaginas cosas negativas tienes que estar consciente y saber que tú te lo generas. Uno mismo fabrica momento a momento su destino. La imaginación en todos los órdenes de la vida es una brújula que nos orienta hacia la victoria o la derrota. Tenemos que hacernos más familiares al uso de la imaginación consciente que es una actividad mágica. John Lennon escribió en la elegida canción del siglo "Imagina" que imagines el mundo ideal, tú también puedes imaginar que tu energía va proyectada hacia tu plenitud, hacia tu felicidad y hacia tus centros energéticos, hacia el corazón de tu amante, de la humanidad o hacia un proyecto personal.

Cuando la energía de la imaginación está despierta, queda abierta la puerta de la vida y se puede generar un nuevo ser universal. Recuerda que tienes el motor que es la energía sexual, la cual ha podido gestar toda la humanidad, entonces: ¿cómo esta energía poderosa acompañada de tu intención no va a poder gestar lo que deseas?

La fórmula es imaginación, intención, creación y resultados

Imaginar para diseñar, intentar para decretar, conciencia para crear y deleite para disfrutar los resultados.

Cuando usas tu ojo mental, abierto para imaginar algo que quieras concretar para tu crecimiento, todo se va haciendo más y más fácil. La imaginación es un arma poderosa, es tu objetivo donde pones la energía, es el blanco. Recuerda que la energía es neutra y vuelve doblemente ampliada. Usar la energía orientada hacia lo positivo, hacia la belleza, hacia el crecimiento interior y hacia la toma de conciencia en el cambio que se avecina en tu vida, es parte del crecimiento. Toda persona tiene latente la posibilidad de despertar, de iniciarse espiritualmente y sentir la plenitud en todos los aspectos de su vida.

Olvidar el pensamiento provincial y despertar el sentimiento universal

Una persona puede morir y seguir viva al mismo tiempo. Este extraño fenómeno sólo sucede cuando dejas de luchar por tus sueños.

En la actualidad, el estrés, la tensión y la falta de concentración, así como la pérdida de una conciencia sagrada están identificando la masa de la humanidad actual. El primer problema surgió cuando nos sentimos divididos, cuando nos sentimos del lugar donde nacimos y no del cosmos, cuando dejamos de soñar y seguir el camino del entusiasmo. Así como la persona que vive en una localidad particular toda su vida y cree que ése es el único lugar del mundo, del mismo modo creemos que nuestra limitada percepción de las cosas es completa.

Para recuperar el camino hacia la realización de los sueños, necesitamos enfocarnos; para centrarnos en los futuros cambios, tenemos la alineación de los chakras mediante la meditación. La ciencia de la meditación es una herramienta de autoconocimiento para expandir la conciencia.

Todas las impresiones sensoriales y pensamientos, iniciados o experimentados por el individuo, se combinan para formar la identidad de su ego; el ego es el que distrae el camino del alma. La mente cambia por completo cuando al ego restrictivo lo sustituye la identidad de la conciencia universal. La individualidad se transforma en un sentimiento de unidad con todas las cosas. Este despojarse de condicionamientos de la mente es facilitado por la meditación. Al identificar la mente con la conciencia esencial, más allá de la visión preconcebida del ego, éste se reduce poco a poco, revelando una identidad más significativa y una visión del mundo clara, fresca y sin divisiones.

A veces, durante la reflexión profunda, nos cuestionamos quiénes somos. Nuestra mente inquiere la pregunta fundamental: ¿qué es la conciencia? El entendimiento contemplativo del que poseemos conciencia es un misterio sin resolver. Es un estado avanzado de autoobservación. Si pensamos todo el tiempo en cosas externas y diversiones, nos perderemos el otro polo de la energía, cuando se convierte hacia adentro.

Como el físico que examina la base de la materia, la mente despejada contempla la base de la conciencia humana. Sin embargo, raras veces nos alcanza este pensamiento, ya que estamos ocupados viviendo nuestras vidas y sumergidos en la interminable tarea de satisfacer tanto nuestras necesidades físicas y mentales, como las de los demás.

La meditación en solitario es una inversión con los resultados al instante, un tiempo en que podemos de nuevo hacer contacto con nuestra propia individualidad, unidad y proyectos. Es una oportunidad para penetrar la superficialidad de nuestros procesos mentales cotidianos y profundizar dentro de nuestras mentes, de manera que cuando retornemos a nuestra existencia diaria, le encontraremos un nuevo sentido a nuestro estado interior.

Con la meditación no sólo estamos ampliando la conciencia y el deleite, sino que nos acercamos al éxtasis que mora dentro de nosotros. Es lo que Jesús llamó Reino de los cielos y Buda, Nirvana. Las ciencias de la meditación hablan de planos de conciencia, cuando en realidad estamos vivos al cien por ciento. En esta libertad interior se acrecienta el amor, la sensibilidad, la atracción y la comprensión de que el universo está relacionado como un tejido.

Cuando la meditación llega a ser tan profunda, todos los sentimientos de individualidad, visión limitada, pérdida de sueños y anhelos se consumen en un solo pensamiento de la unidad con la conciencia cósmica.

¡Abre los ojos!

No es lo mismo tener los ojos abiertos que estar despierto.

Para la mayoría de las personas, la realidad que se percibe con la ayuda de los cinco sentidos es la única. La ciencia de lo interno ha mostrado hasta qué punto son limitados nuestros sentidos. Solamente una pequeña porción del inmenso espectro de ondas luminosas que penetran la existencia diaria son percibidas por nuestros ojos y, de igual modo, tan sólo una fracción de las ondas sonoras son captadas por nuestros oídos. En total, observamos sólo una pequeña parte de la realidad que la ciencia afirma conocer.

Existe un ojo interior, el llamado tercer ojo, el ojo de la conciencia. Éste ve lo que los ojos físicos no llegan a ver.

Los avances en la física cuántica han dicho que, al analizar a nivel subatómico lo que podemos percibir, encontramos que esta realidad no existe en los mismos términos en que la observamos. Lo que vemos como materia sólida, en un nivel subatómico corresponde a numerosas partículas que se mueven a grandes velocidades en enormes áreas de espacio vacío. El hecho que incrementa aún más este dilema consiste en que, en la actualidad, los científicos no pueden determinar si estas "partículas" tienen alguna sustancia real. Entonces, lo que antes creíamos ser tangible y definido es desconocido en otros niveles y hace un absurdo de nuestra comprensión y percepción.

Es muy probable que con el cambio y la activación del ADN pronto el *Homo sapiens* deje paso al homo universal, el nuevo ser. Por ejemplo, las innumerables longitudes de ondas, percibidas por la ciencia con instrumentos muy sutiles, no existían para las personas hace más de un siglo. La ciencia ha descubierto ahora estas ondas y ha aprendido a utilizar este nuevo conocimiento. Se puede especular sobre lo que la ciencia podría encontrar en el futuro, pero hace milenios los atlantes, los mayas, los egipcios, los maestros de la India, los místicos de todos lados del mundo, han reconocido la miríada de formas vibratorias que existen a lo largo del universo y han descrito el proceso de creación en términos de longitudes de ondas.

Incluso, Nikola Tesla mencionó que si uno quiere conocer el universo tiene que pensar en términos de electricidad y vibración. Esta vibración más elevada hace que el ojo interior se abra y podamos dejar la inconsciencia, la ignorancia de una persona dormida espiritualmente, y se ingrese a una nueva visión.

Hasta ahora, la ciencia ha descrito únicamente la materia y la energía física en términos de longitud de onda. El iniciado también sabe que la mente y la energía psíquica se ven en términos de formas vibratorias u ondulares. Lo que percibimos con nuestros sentidos y que la ciencia capta con la ayuda de instrumentos es únicamente un nivel de realidad relativa, el plano más burdo. Existe la posibilidad por la alineación planetaria de 2012 que podamos ascender a una nueva dimensión, más sutil, más poderosa, más integrados a la realidad y la unidad de todas las cosas, por encima de la realidad física, donde se encuentran varios niveles mentales que no pueden ser explorados con el uso de instrumentos físicos ni con los sentidos. Deben ser comprendidos con el uso de un instrumento más sutil: la mente, el sexto sentido, el ojo interno que tiene relación con la glándula pineal, el mismo que Jesús mencionó como "el ojo único que te lleva a la luz".

¿Reglas? ¿Mandamientos? No, gracias. ¡Conciencia!

No hemos nacido para cumplir reglas,
sino para atravesar puentes.

¿Qué ha bloqueado nuestra visión interior? ¿Qué ha censurado el potencial latente? Primeramente, hemos sido mal educados pensando que el cielo, el paraíso es algo externo. No hay más paraíso o infierno que el que está dentro de cada uno, por lo tanto, el paraíso personal hay que crearlo, hay que construirlo, ya que es un estado de conciencia expandida. El primer paso se inicia con actitudes positivas, con amor, con pensamientos creativos, con proyectos, con la conciencia de vivir el presente, con la valoración de la persona que amas, con tu círculo de relaciones personales amoroso y divertido, eliminando el contacto con gente tóxica, haciendo énfasis en el cuidado personal. Para entrar en la nueva dimensión, en el cambio de era, necesitamos ejercitarnos mental y espiritualmente. No hay que llevar pesos psicológicos, ni hay que seguir trabajando en tu casa cuando ya terminó tu horario, no hay que cargar con problemas, ni dejar que el cansancio extremo te quite las ganas de hacer el amor, o tu meditación diaria. El cambio de 2012 ya comenzó, no podemos esperar que venga por si sólo, hay que ejercitar una preparación interior, ensayar la nueva visión, preparar las células con energía solar, reestablecer la conexión con el sol, si la tienes olvidada. Necesitamos sentir la unidad que se está generando entre los seres de luz, de alma a alma sin mandamientos, sin autoridades represoras, con hermandad y poder, con la conciencia de unidad con todo, porque no se puede separar lo material, terrenal y mundano con lo divino, las aspiraciones espirituales y las emocionales. Tenemos que ser expertos en la meditación, la relajación y el trabajo, lo terrenal y lo espiritual porque todo está ligado, conectado y tejido por la misma mano; pronto veremos cómo los límites de lo aparentemente sólido comienzan a volverse más sutiles.

Vivir hoy

Listo para vivir. Listo para morir.

Cuando alguien te dice: "¿Qué vas a ser cuando seas grande?", no lo escuches, eso te aleja del momento presente creando una ansiedad interminable por ser alguien en el futuro. Ahora ya eres alguien valioso. Comienza tu día para vivir al máximo, para aprovechar cada instante, haz una lista de las tareas que quieres ejecutar, ábrete a la sorpresa de la vida, pero organizadamente. Cada día puede ser el último, así que exprímelo. No te demores ni te apures, el ritmo personal viene del ritmo de la mente.

Hoy es el momento, hoy es el instante, de hoy en hoy es lo que la eternidad es. Crea tu hábito de meditación y sigue sintiendo tus sensaciones y tu alineación con la frecuencia del presente. No sabemos cuándo será nuestro último día de vida, pero sabemos que si en nuestra vida meditamos diariamente, ese día estuvo bien vivido; un día con meditación equivale a decirle sí a la vida, a seguir estando conectados a la vibración elevada. Como la incertidumbre de la muerte está latente para todo el mundo, la certeza de estar bien enfocados nos elimina por completo el miedo a desaparecer físicamente. Nos centramos en nuestro potencial y buscamos desarrollarlo al máximo. Cada uno tiene un don, un talento para expresar la divinidad a partir de una forma humana. Reconoce el tuyo y despliégalo en su máximo potencial.

El sentido de la vida

A veces te preguntas, ¿cuál es el sentido de la vida?
Pues... ¡El sentido de la vida es vivirla!

El gran misterio es ¿para qué estamos aquí? Muchas personas con su psique bloqueada, con miles de dudas y preguntas no le ven sentido al mundo ni al universo. Primero, nadie puede ver el cosmos hasta donde le llegan los ojos; sólo se consigue verlo con ayuda de un telescopio o de los excelentes documentales que hay en la actualidad; no se pueden ver tantas galaxias, planetas y espacio inconmensurable sin maravillarse y sentir devoción por algo tan bello. Nuestro entendimiento fue nublado por la quema indiscriminada e inconsciente de importantes textos imprescindibles en la biblioteca de Alejandría, como también ocurrió con los códices mayas que tenían vital información sobre la vida y el universo, quemados por la Iglesia católica para que el ser humano no accediese a un conocimiento existencial que le diera la evolución. Ahora estamos semidesconectados por no tener los mapas que los antiguos dejaron, ahora vamos agrupándonos en guerreros de luz, científicos y librepensadores que buscan las nuevas respuestas mediante la física cuántica, y la bioquímica para potenciar el ADN, la meditación y el conocimiento de las leyes universales, por ejemplo en el *Kybalión*, gran libro escrito por Hermes Trismegisto.

El sentido de la vida lo comprendes cuando te conectas directamente desde tu conciencia a la conciencia cósmica, teniendo muy claro que todos los deseos que pueda generar tu personalidad: auto, casa, viajes, dinero, progreso, etc., son las necesidades de la personalidad, el teatro del ego, que no están mal, pues cuanto más confortable estés, tu viaje espiritual será mucho mejor, pero el objetivo principal es sentir la divinidad dentro de ti, el juego de la evolución, el salto del homo sapiens al homo universal, el cambio de dimensión hacia la elevación de la conciencia individual y grupal. Ése es el sentido más elevado de nuestra existencia.

El gobierno del mundo

Quien de verdad gobierna el mundo no son los políticos, ni las empresas, ni las religiones, ni los Mesías... A este mundo lo gobierna el útero de las mujeres (y todo lo que eso desencadena). El día que todas las mujeres se den cuenta de eso, este planeta volverá a ser un paraíso.

Mucha gente cree que al mundo lo gobiernan los presidentes de los países. Ellos simplemente son figuras públicas de un gobierno secreto que está detrás. Cada cuatro u ocho años van cambiando a las caras visibles para mantener a los pueblos divididos entre ellos. Las secretas reuniones del Club Bilderberg, algunas líneas masónicas y magnates del mundo para colocar el teatro del mundo a gusto de sus intereses y los de la raza genética que vienen prolongando. La sensación de cambio y esperanza es simplemente la zanahoria delante del burro. Tú crees que el presidente de tu partido político traerá el cambio y la renovación. Párate a pensar, mira un poco hacia atrás. Ningún presidente ha hecho ninguna revolución mundial, el mundo sigue como está. Por más esfuerzo que hagan, los presidentes son una pequeña panacea para que toda la maquinaria no se caiga, si no, no irías a trabajar más. En el trabajo para fábricas o empresas de las que ellos son dueños te hacen creer que tú trabajas para ti mismo; sí ganas tu sueldo pero lo gastas en restaurantes, cines, farmacias, empresas de viajes, etc., de las que ellos son dueños. El dinero vuelve otra vez a sus arcas para que tú sigas trabajando. Trabajas treinta días, te pagan un sueldo y luego te lo gastas en sus empresas, sin que tú lo sepas. El círculo es interminable generación tras generación. Gastas dinero porque tienes deseos de superación, de cumplir con tu "American Dream", una estupidez que no es otra cosa que un estímulo de cosas materiales para que la gente siga dormida. Si sacas el sueldo se llamaría esclavitud, pero al anexar el salario sientes que trabajas para ti, con el agravante que tú pagas un impuesto en todo lo que compras para mantener el circo y los gastos de los presidentes y de todos los demás, del estándar y del *establishment*. ¿Entonces, qué? ¿Comunismo? ¿Apología de la anarquía? ¡Para nada! Algo mucho más elevado y espiritual nos espera pronto a la vuelta de la esquina...

La visión ilimitada

Si las religiones y los textos sagrados desaparecieran de la faz de la tierra y se extirparan las creencias oxidadas de la mente de la gente, todo el mundo llevaría puesto ese perfume llamado Dios.

Religión viene de re-ligar, volver a unir. Pregúntate: ¿cómo unir lo que nunca se puede separar? Es una utopía pensar que podemos estar separados de lo divino, pues la nueva corriente de pensamiento y la nueva visión espiritual nos enseñan que todos estamos intrínsecamente unidos en una matriz cósmica que no tiene límites; por lo tanto, no puedes salir de ella, de hecho, no hay afuera, todos estamos dentro. Por ello, necesitamos movernos en una ciencia espiritual que una la mística práctica, la activación del ADN, la meditación, la visión expansiva de la conciencia, el sexo alquímico y la visión luminosa de la vida para la evolución personal y de la especie. Los límites sólo están dentro de la mente, de las iglesias, sinagogas y mezquitas. Estamos dentro de lo infinito. Me permito recordar que la mayoría de las religiones han competido entre sí y han sido varias las guerras que se han iniciado por discutir y luchar por tener la razón como si fuesen dueños de un dios minúsculo que les pertenece. En los comienzos, la Iglesia católica decía que la Tierra era cuadrada y que si llegabas al horizonte caías al abismo, que el Sol giraba alrededor de ella, y no al revés, y muchas más equivocaciones que mantuvieron por ignorancia, al precio de cobrarse miles de vidas humanas que se atrevieran a decir lo contrario. Ya lo sabemos y los perdonamos porque no sabían lo que hacían, pero las personas despiertas no queremos seguir bajo las nuevas mentiras. Si la Inquisición no hubiera quemado a las mujeres sabias (mal llamadas brujas), además de la quema de la biblioteca de Alejandría con valiosos textos, y los códices mayas no hubieran sido destruidos a manos de la Iglesia que desembarcó en México, ahora conoceríamos nuevos universos y aprenderíamos de otras civilizaciones. Recuerda que nuestro universo alberga miles de millones de estrellas, galaxias, planetas, asteroides, agujeros negros, supernovas... creaciones múltiples todas; que nos encontraremos en la galaxia Vía Láctea, donde hay doscientos mil millones de estrellas. Existen diez mil millones de galaxias como la nuestra con constelaciones y planetas a veinte, treinta o cien millones de años luz de distancia de la Tierra. Hay que tener cuidado de no perder de vista la visión amplia porque la ilusión es fuerte, ya que buscan que la gente esté distraída desde los programas de atontamiento existencial, el futbol, los programas de televisión, la vida de los famosos, los vuelos químicos, la publicidad subliminal, la alteración del ADN, la manipulación económica, los chivos expiatorios, las guerras, la información oculta de seres extraterrestres, la manipulación sexual y moral, la alteración climática adrede y un sinfín de falsas creencias.

Podrán seguir tratando que no evolucione la humanidad, pero la evolución es una ley suprema que no podrán quebrar. Recuerda, eso que llamamos universo y que parece tan distante como si no tuviera ninguna influencia en nosotros, responde a una única unidad: la conciencia.

Mira las estrellas y ellas te mirarán a ti

Cada vez que miro hacia las estrellas recuerdo que soy infinito.

Hay momentos en que estar solo es necesario para beber de la fuente interior y luego compartirlo. La soledad que duele no es constructiva sino más bien un aprendizaje para que cuando encontramos a alguien a quien amar lo llenemos de devoción. El primer paso consiste en amarnos a nosotros y reconocer el tiempo de soledad como un tiempo de luz, de sol interior. Tenemos que pasar la dura prueba de aceptar que estamos solos, aunque rodeados de personas, y en esa soledad descubrir a Dios dentro. Cuando surge ese fuego, todo el universo te acompaña, te guía, te lleva hacia la realización de tu propio destino.

Menos face y más book

No escuches a los medios de prensa. No hagas caso de noticias de crisis. Dentro de ti está lo que tú quieres. Medita.

Trata de invertir tiempo en tu meditación personal y en la creación de tu cuerpo de luz para afinar tu vibración, proyectar luz a tus células, canalizar energía hacia tus chakras y percibir tu conciencia como un espejo. Desarrolla tu poder, pues éstos son tiempos de práctica y alineación, donde podremos sentir cambios cada vez más frecuentes en nuestro potencial dormido. Muchas distracciones están allí creadas con un doble filo: estarás más comunicado con otras personas, lo cual es útil y responde a un invento magistral, pero todo ello hace que no tengas oportunidad de leer y aprender muchos conocimientos de cosas que suceden y que mucha gente no se entera, de quedarte en paz, de profundizar en la meditación o de hacer tus prácticas energéticas. Si quieres atravesar los velos de la ilusión y crear un nuevo estado en ti, necesitas ir buceando en tu interior, observar tus miedos, tu programación, tus creencias antiguas y tirar eso a la basura. Es un trabajo personal que te dará frutos y flores. Tú eres el que genera el perfume espiritual y lo esparces por el mundo. Si siempre te sumerges en lo mismo no habrá nuevos resultados. En cambio, si te dedicas a la meditación, rediseñarás todos los frentes de tu vida con una nueva visión. Siéntete en compañía, somos cada vez más millones de almas alrededor del mundo, sincronizándose.

Capítulo 6

REDISEÑA TU SEXUALIDAD

El cuerpo es tu templo

La función de los pechos de las mujeres es amantar niños, los glúteos son para sentarse, la vagina para dar y recibir vida; el falo del hombre es una vara de luz y de poder. Entonces, ¿por qué tanto misterio? ¿Por qué continuar con la mojigatería? Las cosas por su nombre y claramente. No apoyes a los mojigatos porque fabricarás tus propias barreras dentro de tu cuerpo. Estas barreras no son sólo barreras físicas, sino mentales. Y claro, alguien que censura su cuerpo, también censura su libertad. Bloquear tu cuerpo es una forma de negar a Dios.

A partir de la creación surge la dualidad, los dos polos opuestos y complementarios: aquí aparece lo femenino y lo masculino. Se cree que la primera prueba de experimento en el ser humano en su inicio fue un andrógino, de hecho la palabra *elohim* es la unión de lo masculino y lo femenino, unidos por la misma energía de la unidad original. Por medio del sexo, estas dos fuerzas fueron lanzadas al universo a crear formas de vida que mantengan el equilibrio entre los dos polos; por ejemplo, el acto sexual tiene como objetivo final sentir la fusión de las dos divinidades dentro nuestro. Cuando una mujer y un hombre se encuentran sexualmente buscan en lo profundo de su ser, no sólo una invitación al placer y al amor, sino la trascendente unidad de los polos que rigen la vida y valoran el cuerpo. El cuerpo físico es el medio para expresar la risa, la danza, el abrazo, la magia de caminar, correr, ver, oler... El cuerpo físico es una joya, un regalo perfecto, es el recipiente de la revelación de los secretos de la vida. Cada uno tiene que integrar y venerar su unidad en lo masculino y lo femenino, ya que ambos están en la esencia de cada uno, van más allá de los límites de la personalidad. La unión y conexión con el cuerpo es la posibilidad de percibir la unidad primaria de lo andrógino, un instante sin mente, sin identificación, sin límites, un encuentro de la misma luz, la conciencia, el deleite supremo, el reencuentro con el origen de la vida misma. Jesús lo menciona, en el evangelio de Tomás: "Cuando hagáis de los dos uno, y hagáis el interior como el exterior y el exterior como el interior, y lo de arriba como lo de abajo, y cuando establezcáis el varón con la hembra como una sola unidad de tal modo que el hombre no sea masculino ni la mujer femenina... Entonces entraréis en el Reino" (Tomás, 22).

Conoce tu origen

No descendemos de los monos. No somos monocromáticos. No somos monotemáticos. No somos monógamos (al menos no más de veinticinco o sesenta años). ¡Somos seres multicolores!

El andrógino es el principio de la humanidad. Es interesante saber que la palabra sexo (del latín *sectus*, cortar, dividir) se ha dividido bioquímicamente en mujer y hombre, ambos dispuestos a jugar el juego de la vida para volver a encontrarse en innumerable cantidad de personas. Es el inicio es un juego cósmico-terrestre. El ser humano tiene que aprender a jugar y descubrir su origen. A través del sexo y la energía amorosa nos volvemos uno otra vez. Cada uno es mitad mujer y mitad hombre. Cada ser es bisexual con mayor inclinación de lo masculino o lo femenino. Las mujeres también generan una pequeña cantidad de testosterona y los hombres estrógenos. En el mundo contemporáneo puede apreciarse el andrógino muy marcado en las tendencias de moda urbana como también en personas comunes y corrientes. El hombre posee una mujer interna y su energía sexual-espiritual; cuando una mujer de carne y hueso llega a él con sus vibraciones, esta mujer interna se pone en funcionamiento y lo excita. El poder de lo femenino es la energía de vida, es la que una vez encendida expande la conciencia, abre muros y rompe cadenas para que resbale por la piel de quien la siente, el erotismo puro, la naturalidad, la primera energía salvaje, ancestral y sexual. El hombre tiene que encontrar su mujer interior para estar en paz consigo mismo; lo puede hacer primero en solitario y luego en el espejo, con su pareja o amante. El sexo es un fenómeno natural, desnudo, metafísico, trascendental y supera con creces los virus mentales que han infectado a la humanidad. Es una gran ola que no puede detenerse. En estos tiempos, la nueva visión sexual viene con más fuerza para desmitificar los falsos conceptos. El amor interno aumenta en la mujer su hombre interior y se manifiesta poniendo en marcha su entusiasmo, su voluntad y su fuerza en la acción del día a día. Cuando una mujer tiene un orgasmo, el hombre se tiene que identificar plenamente con ella, unido, comulgando con el supremo deleite, con la puerta abierta al infinito. Cuando la mujer libera su poder orgásmico, el hombre lo absorbe como un regalo de la vida.

Procreación y evolución

Si en toda la humanidad, en una isla desierta se quedase sólo un hombre y siete mujeres, ¿qué habría que hacer para que la especie humana continuara? Y ¿si en cambio hubiera siete hombres y una sola mujer?

Cuando esta vibrante corriente del sexo entra en acción, todos los sistemas se vitalizan, los siete chakras que componen la psique humana alcanzan dimensiones fuera de los sentidos ordinarios. La unión sexual alquímica se vuelve una autopista directa a lo divino. El ego que mantiene a la gente disuelta y en conflicto desaparece para que quede el ser desnudo y espiritual debajo del techo universal de estrellas, mundos y expansión de la conciencia. La mujer despierta en un hombre su mujer interior, le ofrece su espejo. De la misma forma que un hombre refleja el hombre interior en cada mujer que se sienta atraída por este fenómeno natural. En el acto sexual, el hombre tiene que aprender a volverse pasivo, receptivo y abierto, como una flor, y la mujer será un corcel activo de energía orgásmica y sexual, será el eje que pone en funcionamiento el motor que anima la vida del cuerpo físico. Si no hay necesidad de procrear un nuevo ser, la pareja se queda con la energía sexual para canalizarla en poder espiritual y creativo.

La energía sexual es alquimia espiritual

Alquimia sexual es trasmutar el plomo del instinto en el oro de la conciencia.

Hay que utilizar sabiamente la práctica y la canalización de la energía sexual. El primer estadio de un encuentro sexual es el placer. Este nivel es conocido. Lo que aún no se ha descubierto en la mayoría de las personas es que la energía sexual puede generar transformación emocional, mental y energética. La energía sexual activada y elevada genera esa energía que llamamos amor. La ley de la energía para aplicarla en beneficio y que el enorme potencial que se desprende de una relación sexual tenga una "intención", vaya dirigida hacia una meta de unidad; el intento es fundamental para que la energía dé el salto y se focalice a un punto en especial. Me refiero a ser conscientes de que cuando se moviliza la energía sexual, no hay que desperdiciarla sino activarla mediante respiraciones al unísono, meditación durante el acto sexual, estar conscientes y no atolondrados por el instinto animal, ni tener prisas.

Practica el sexo alquímico

La más alta forma de activar la energía sexual es por medio de las técnicas de respiración, así el aire de vida activa el fuego en tu sexo.

Al conocer que el acto sexual genera energía, aplicando la conciencia, proyectamos dicha energía hacia la intención en concreto que nos proponemos. Somos co-creadores con la fuente universal. El sexo es pura energía de creación cuando se polariza y utiliza como alquimia; esta inmensa fuerza está siendo canalizada siguiendo la ley energética: "La energía va donde va tu pensamiento". Una pareja que practica el sexo alquímico tiene que proponerse antes de comenzar el ritual cuál va a ser la intención en particular para potenciar en ese encuentro mágico-amoroso. Esta prolongación de la energía sexual que recorre el torrente sanguíneo y la psique llena de luz en las células y el alma. Más adelante, enseñaré de qué modo usar esta energía en su aspecto mágico, para elevarse del nivel animal instintivo y poder incrementar la conciencia de evolución. Es completamente natural que haya sexo sin amor, es una atracción inevitable de los extremos que quieren unirse. La atracción es la chispa, el encendido, luego puede haber fuego. Muchas veces primero surge la chispa de la atracción sexual y después el fuego del amor. No hay que condenar eso, es el curso natural de la vida. Lo que diferencia el sexo tradicional y el sexo alquímico es primero la actitud y el uso de la energía. En el sexo alquímico, la conciencia está puesta en un plano superior. Esta enorme diferencia es lo que marca una relación ordinaria de una especial. Despierta el ojo interior a través de prácticas conscientes y una actitud alquímica, para poder sentir lo instintivo en la primera fase y después experimentar el éxtasis creativo que provoca la práctica sexual meditativa. Se dice que los atlantes, antiguos sabios, cuidaban su energía, su conciencia y su eyaculación. Esto sucedió en casi todas las culturas, desde la egipcia, la india, la china, la druida, la atlante y la maya, entre otras, veneraban la energía sexual y sabían que era la materia prima para la transformación espiritual. El tantra, el tao y los gnósticos, por ejemplo, hacen referencia a la no eyaculación como la alquimia interna. Los taoístas hablan de los tres tesoros, Gurdjieff menciona el *elioxhary*. Es sabido que para el sexo tántrico alquímico es importante no derrochar ni el semen ni la energía sexual en excesivos orgasmos (que no es lo mismo que la eyaculación) tanto en mujeres como en hombres.

El fuego de la transformación

El premio que nos espera es la transformación de la oruga de la inconciencia a la mariposa multicolor de la conciencia iluminada.

La vida nos regala vida. En la eyaculación está impregnada la posibilidad de engendrar un nuevo niño y todos los órganos dan lo mejor de sí mismos para que el semen contenga la información genética. Si no tienes intención de que tu pareja se embarace, esa semilla tiene que ser destinada en tu propio desarrollo espiritual, para que el camino personal se abra hacia el universo. Muchos alumnos y lectores me preguntan: "¿No habré de eyacular nunca más?". Esto es relativo. Algunas escuelas más rígidas buscan que nunca se produzca, otras son más flexibles. Mi sugerencia respecto del trabajo personal es que se eyacule cada cinco, luego diez o doce veces que practiquen el sexo alquímico. Ello permite que la energía se conserve. El viaje es: desde eyacular todos los días (oscuridad) a algunos días (penumbras), hasta que la eyaculación no se produzca más (iluminación). He notado que al inicio de la luna creciente, eyacular debilita mucho, por lo que no es aconsejable en la fase de luna creciente. Podéis hacerlo en luna llena o menguante, pero insisto, todo lo que más pueda sublimarse este elixir dorado dará mayor impulso, inspiración, entusiasmo, percepción espiritual, deseo de vivir y crear. En estos tiempos de transformación, céntrate en cultivar la energía con técnicas respiratorias, con mantras, meditaciones, potenciación de tu ADN (que encontrarás al final del libro) y con el aprendizaje de acumulación de prana en los chakras.

Respiración sexual en pareja

Sentados cara a cara, en la postura de diamante o medio loto, cada uno apoya su frente en la del compañero y realiza una conexión desde el tercer ojo, en la zona de la glándula pineal, practicando la siguiente respiración: el hombre exhala la respiración por la nariz al tiempo que la mujer inhala el aire exhalado por éste; luego ella exhala y él inhala. También puede realizarse con personas del mismo sexo o que no tengan vínculo de pareja.

Beneficios:
* Conecta los campos energéticos de forma poderosa.
* Potencia la presencia en el aquí y ahora.
* Activa la capacidad espiritual.
* Despierta la telepatía.
* Recicla la energía al unir los polos yin-yang, negativo-positivo.
* Genera electricidad y magnetismo, lo que permite una mayor luminosidad en las células y en todas las áreas emocionales de la vida.

Duración: un ciclo de al menos diez minutos.

Capítulo 7

Come con la conciencia y no con el estómago

Yam... yam... yam... Observo a la gente comer y muchos no se dan cuenta de que no mastican el alimento, lo muerden. No es que una persona coma por hambre o por nutrir el cuerpo, sino por ansiedad. Por no poder realizar los deseos, se sobrecargan comiendo y tapan un vacío que pretenden llenar con comida. Panzas gordas equivalen a deseos insatisfechos. Si uno da de comer al alma y no sólo al cuerpo, el cuerpo estará nutrido con la alimentación del alma. Comer con conciencia y no por ansiedad. La comida del alma se llama arte, amor, meditación, sexo y alegría. Si comes eso nunca tendrás hambre.

La alimentación, la digestión y la combinación de alimentos tiene mucha importancia en el crecimiento espiritual y la transformación energética. Para ello, necesitamos consumir los alimentos frescos y sin refinar, ésa es la base de la alimentación revitalizante. Mucha gente se imagina la cocina natural como algo poco sabroso o aburrido; que ser vegetariano se limita a comer verduras. Nada más lejos de la realidad. Necesitamos ir eliminando la ignorancia sobre la buena nutrición. La mayoría de las veces, la forma de comer es demasiado pesada. Se ingieren alimentos y bebidas que adormecen los sentidos, el cerebro y el campo energético. Necesitas una alimentación inteligente que no sea una dieta sino que, por el contrario, comas alimentos que sepas conscientemente que son perfectos para tu composición física y energética, que incluyan toda clase de frutas, cereales, legumbres, verduras y semillas. Evita alimentos que te aletargan, por ejemplo los alimentos fritos o preparados de manera industrial. ¡En Estados Unidos comen papas fritas y hamburguesas todo el tiempo! Eso no es un indicio de un país avanzado. Hace falta conciencia en la alimentación porque lo que comes es la vibración que proyectas. Comer en abundancia se debe a la ansiedad que producen los deseos que no se realizan; entonces, una persona se va al refrigerador a calmar esta ansiedad. Esta energía de ansiedad se proyecta en la comida, hace los efectos de tapón o de calmar la energía ansiosa. Piensa que siempre que no puedes realizar algo, comes; siempre que tu energía no está creativa, deambulas por la cocina.

Alimentación inteligente

Pronto más personas comenzarán a fijarse más en lo que comen. Se buscará una alimentación que tenga prana, que contenga energía vital del sol.

Saber comer es un arte, al igual que elegir los alimentos y condimentos. Particularmente, no soy partidario de sacrificios ni de dietas, así como tampoco de seguir un estereotipo social, pero sí lo soy de cambiar y sustituir alimentos que no aportan más que calorías muertas por otros que nos realzan y nutren. ¿Te has preguntado por qué vas al gimnasio? ¿Para sentirte sano o para sentir que tienes un cuerpo que todos quieren mirar? ¿Por qué tomas el sol, para recibir su energía o para broncearte? Si sólo vives para cumplir las formalidades sociales, estás agrediendo tu cuerpo. Recuerda que el cuerpo es sagrado y que pronto cambiará con la energía magnética recibida por el centro de la galaxia, por ello tienes que preparar su vibración elevada al máximo. Otro error en la alimentación es la mala digestión. Es obvio que si no masticas los alimentos, si sólo los engulles, no puede producirse una buena interacción con las enzimas digestivas y, en consecuencia, la comida no será bien digerida y te caerá mal. Masticar cada alimento unas sesenta veces es una sabia consigna oriental. Creo que el fanatismo, en cualquiera de sus formas, es perjudicial para la salud del cuerpo y de la mente. Mientras que hay personas que se fanatizan con la religión, hay otras que lo hacen con la comida. Busquemos una fórmula simple: come cuando sientas hambre, nútrete de alimentos naturales y cocina tus propios alimentos. Cuando cocines, pon tu música favorita o canta canciones que te inspiren. Haz de cada comida una fiesta, celebra cada bocado, siente su sabor, recréate en su aspecto y aroma... No reprimas el placer de comer, ¡es el deseo básico del tercer chakra! Disfruta en esta tercera dimensión la comida, el sexo y el amor, como una forma para evolucionar por medio de ellos. Luego activarás los chakras superiores con el amor, la intuición y la meditación.

Principios de alimentación:
* Sustituye la carne roja por la soja en sus múltiples variantes.
* Come frutas frescas y secas a lo largo del día.
* No mezcles alimentos muy diferentes durante una comida. Evita ingerir líquidos en exceso mientras comes.
* Límpiate los dientes y la lengua después de cada comida.
* Come despacio y saborea la comida. Sé consciente de que allí empieza la digestión.
* Bebe abundante agua mineral durante el día, de dos a tres litros.
* Come sólo cuando tengas hambre.
* No recargues el estómago. Deja una cuarta parte libre para el oxígeno, que hará más rápida la digestión.
* Cambia los embutidos por cereales y los fritos por comida fresca.
* No comas si estás alterado. La comida es una meditación.
* Si sientes ansiedad, respira profundamente varios minutos antes de comer.
* No tomes alimentos demasiado calientes ni demasiado fríos.

- Haz un ayuno un día a la semana (de agua, frutas, jugos, etc.) para eliminar las toxinas y despejar la mente.
- Prepárate jugos energéticos.
- Los glotones y los ascetas no prosperan en el yoga. El yoga es un lujo para gente inteligente.

Alimentos energéticamente recomendados

Miel, cereales, verduras, frutas, jugos, leche de soya, nueces, almendras, uvas, pasas, pan integral, trigo, arroz integral, avena, cebada, maíz, semillas, plantas aromáticas y medicinales, seitán, tofu, tempeh, apio, perejil, yogurt.

Alimentos no recomendados en exceso (excitantes y estimulantes)

Huevos, azúcar refinada, café, cebolla y ajo (consumir en pocas cantidades), tabaco, especias picantes, sal, mostaza, pepinillos, encurtidos.

Alimentos a eliminar (generan pereza, torpeza y nublan la mente)

Carne roja, fritos, embutidos, platos precocinados, conservas, vinagre, bebidas alcohólicas.

Los cambios que realices en tu alimentación beneficiarán tu práctica meditativa y tu calidad de vida.

Alimentos energéticos naturales

Jugos energéticos.

Jugo de zanahoria, apio, manzana y jengibre

Ingredientes:
1 manzana pelada y cortada en rodajas.
1 zanahoria limpia y cortada en palitos.

1 tallo de apio.
1/2 jengibre o 20 g de jengibre molido.
1/4 de agua mineral.

Procedimiento:
Licuar las manzanas, el apio, la zanahoria, el jengibre y el agua durante dos o tres minutos. Colar o beber con la pulpa.

Beneficios:
• La zanahoria es rica en vitamina A y calcio. Es benéfica para la piel y el cerebro, el sistema digestivo y los pulmones. Junto con el jengibre mejora la circulación sanguínea.

Jugo de fresas y menta
Ingredientes:
250 g de fresas.
5 hojas de menta fresca.
Una pizca de pimienta de Cayena.
20 g de jugo de limón.

Procedimiento:
Licuar los ingredientes y beber al instante.

Beneficios:
• Limpia y purifica el organismo.

Jugo depurativo
Ingredientes:
3 naranjas.
2 pomelos rosados.
1 limón.
1/2 raíz de jengibre.

Procedimiento:
Pelar y quitar las semillas a las frutas. Pasarlos por la procesadora junto con el jengibre. Beber al instante.

Beneficios:
• Excelente purificador de la sangre y depurador de toxinas. Beneficia la digestión y la eliminación.

Recordatorios finales
1. Mastica bien los alimentos.
Es la mejor manera de ahorrar esfuerzos innecesarios al sistema digestivo. Además, así se facilita que se obtenga sensación de saciedad sin pasarse en la cantidad.

2. Come meditativamente.
Dedica toda tu atención al acto placentero de comer. El sistema digestivo reacciona ante los estados de estrés, preocupación o irritación y no desarrolla bien su trabajo.

3. Saborea y disfruta.
Observa bien el plato y afina tu capacidad para diferenciar sabores. Lo que te parezca agradable seguramente te sentará bien.

4. Come frutas frescas entre las comidas.
La fruta te ofrece muchas vitaminas y pocas calorías, por lo que las frutas son los alimentos más sanos para tomar entre comidas.

5. No comas hasta llenarte.
Necesitas levantarte de la mesa con una ligera sensación de hambre. Comer moderadamente prolonga tu vida y la vida de tus intestinos y estómago.

6. Haz una dieta variada.
Es la mejor manera de que no nos falten nutrientes. Aprovecha la gran variedad del mercado y prefiere los alimentos de la estación.

7. Bebe si tienes sed.
Es falso que durante las comidas no se pueda beber agua porque ésta diluya los jugos gástricos y dificulte la digestión, aunque es cierto que cuanto más natural sea tu alimentación menos sed tendrás. Puedes beber vino tinto en las comidas.

8. Come platos sencillos.
No es necesario que todas las comidas sean elaboradas con salsas o condimentos especiales. Aprende a elaborar platos de fácil preparación.

9. Desayuna como un emperador, come como un rey y cena como un mendigo. Ésta sería la perfecta distribución de las comidas en cuanto a cantidad. Por la noche es mejor comer poco para no sobrecargar el aparato digestivo.

Capítulo 8

La relación con uno mismo

*El que se ama a sí mismo puede amar a los demás; el
que no se ama a sí mismo no puede amar a nadie.*

Dentro de nosotros tenemos una misión, un camino personal, un
destino que ir tejiendo día a día. Es un propósito para evolucionar.
Lo que nosotros llamamos destino, en Oriente se llama *karma*. Nosotros tenemos un karma fijo y libre albedrío. Así como un avión
tiene un destino estipulado para tal día y a tal hora, si se presenta
una tormenta, el piloto tiene la libertad de seguir o cambiar de
rumbo. De igual manera, tenemos la libertad de seguir nuestro
mejor destino o no. Por ejemplo, si el destino de una persona es
ser un excepcional pintor, pero por miedo, tradición o cualquier
motivo, decide ser cajero de un banco o estar en una empresa que
le da una cierta seguridad, y deja su vocación dormida y olvidada,
que también le podría dar dinero, al cabo de un tiempo le provocará un malestar y un vacío existencial. Quien no sigue su destino,
la mejor opción, está escribiendo otras páginas que no le nutrirán
tanto. Estamos destinados a la abundancia espiritual y material completa. Al amarnos a nosotros mismos podemos compartirlo luego.

Ego y alma

*Para alguien que aspira a iluminarse espiritualmente es
mejor cultivar el ego para que se haga bien grande. Porque
al iniciado le será más fácil matar luego una criatura*

enorme con el impacto del meteorito de la conciencia y no empantanarse buscando un microscópico ego humilde como un virus imposible de encontrar en la selvas de la mente.

El amor propio no es egoísmo porque se comparte, como tampoco el amor no es posesividad. La posesividad es un símbolo de actitud de debilidad. ¿Por qué querer poseer algo que no nos pertenece? Poseer es querer hacer de uno lo que no es de uno. ¿Quieres poseer a tu mujer o a tu hombre? Tienes que saber que cuando alguien intenta poseer a otro, el amor se escapa por la puerta de atrás y todo se convierte en un infierno. La posesividad trae dolor, control, tensión. Esto no hace la felicidad. Sólo cuando uno confía y se entrega puedes tenerlo todo, mejor dicho, compartirlo. La vida comparte contigo un momento de vivencias: puedes tener noventa años de vivencias. ¿Dónde llevarás tus posesiones cuando acabe el tiempo? Si no hay autoconocimiento no llevarás nada; sólo conocerse a uno mismo, dejar que nuestra espiritualidad y poder personal salga a la superficie y pilotee la vida, hace que estemos siempre agradecidos, porque todo es un regalo para compartir y no un territorio para luchar. Es cierto que a veces uno tiene que esforzarse por conseguir cosas, pero lo que no nos hace falta para ser felices es tener una actitud posesiva. La gente se vuelve posesiva porque no sabe que tiene poder. Pues claro, la posesividad y el miedo van de la mano. La única fidelidad respetable es cuando tú tienes más de veinte mujeres que quieren estar contigo o veinte hombres y tú eliges uno. No vale de nada una fidelidad porque no te queda otra que estar con esa persona, porque sabes que te sería muy difícil elaborar otra pareja. Lo valioso es elegir cuando tienes muchas ofertas. Una persona con miedo sabe que si pierde al objeto de su posesión se convertirá en nada, ya que el objeto le da identidad. Es un grave problema basar las relaciones en este punto. Toda persona posesiva termina perdiendo a la otra porque, al cabo de un tiempo, la mariposa espiritual que la otra persona lleva dentro quiere volar, sentir libertad, aire, expansión.

Disfruta tus relaciones

En el universo, nada te pertenece, pero todo es tuyo.

Nada nos pertenece realmente. Estamos en la vida gracias a un préstamo divino. Cuando miras un cuadro que te gusta, lo quieres comprar, no lo observas; cuando ves una flor que te hechiza, la quieres cortar y poner en un jarrón, ¡cómo si fuese tuya! Necesitamos aprender a sentir la unidad entre sujeto-objeto, aprender a "hacernos uno". Es una empatía espiritual. Pero siempre se pone énfasis en poseer, en tener y no en ser. No quiero decir que no tenemos que poseer nada material; al contrario, se puede ser muy rico en cosas materiales, lo que no es saludable es la actitud de apego y posesividad hacia ellas. En las relaciones humanas, primero se admira, alguien te encanta con su magia, luego tus energías se enfocan en tenerla, en la posesión. Tenemos que darnos cuenta de que sólo compartimos momentos, instantes, y que ésos tienen que ser cada vez de mayor calidad. Toda posesión engendra dos cosas: la ilusión de creer que algo te pertenece y el miedo a perderlo. Hemos nacido libres para expresarnos, para ser felices y nosotros nos colocamos las cadenas para no volar. Si tu pareja no comparte tu vuelo, no tengas miedo, hay más mariposas para compartir; deja que tu fortaleza y alegría te permitan vivir bien y a gusto contigo mismo. Y cuando aparezca otra mariposa deja que sea un vuelo compartido, no intentes atar sus alas, porque se convertirá una carga para ti.

La nueva mujer

Hay una diosa en cada mujer, si a la mujer le quitas las cadenas morales, la diosa se mostrará nuevamente a flor de piel.

Hasta la mujer más sumisa lleva en sí grabado en su interior el estigma de la diosa. Durante siglos de cultura patriarcal se ha hecho énfasis en censurar la energía divina femenina. El culto de la diosa se remonta a los orígenes. Hace nueve mil años, los clanes eran regidos por la diosa, había una sociedad matriarcal. Los hombres eran los cazadores y las mujeres las que cultivaban la tierra y criaban a los hijos, las que ponían las normas de vida incluso.

Durante las épocas de poca caza, los hombres también cultivaban la tierra o pastoreaban las ovejas, lo cual no era del agrado de ellos. Allí empezaron las primeras revueltas. Los hombres no sabían que también eran los causantes del nacimiento de los niños, se creía que las mujeres invocaban a la diosa para lograr la fecundidad, no habían descubierto que era por la unión de un óvulo y un espermatozoide. Cuando los hombres descubren esto, comienza la segunda rebelión, fuerte y poderosa que aplasta el poder femenino. A lo largo de la historia, el hombre viene a la delantera de la sociedad, tratando de silenciar a las mujeres. En la actualidad, basta ver las portadas de las principales revistas, en todas está reflejada la mujer con su belleza. El nuevo comienzo tiene que ver con el poder femenino, hace énfasis en la mujer, en los valores femeninos y en la exquisitez de la hembra. En las leyes del universo está presente la ley del equilibrio, son eternos complementarios. Su energía opuesta refleja atracción permanente. La vida está hecha de dicha atracción de los polos. La luz surge mediante la unión de las dos polaridades y la luz, por lo tanto, lo femenino es una energía complementaria e igual de importante que lo masculino. La energía y la conciencia que funcionan en armonía. Para sentir y conocer a la diosa que hay en cada mujer y en cada hombre, es necesario observar y silenciar la personalidad, porque la divinidad es la voz de la esencia. La personalidad, el ego, con sus imperfecciones, debilidades y sombras, no puede llegar a percibir totalmente la diosa en el interior. En la esencia de cada uno vibra la divinidad en el núcleo del ser. La mujer es pura energía sensible, dulce y sexual. Es la sensualidad, la percepción, la receptividad, la sensibilidad y está adherida con fuego en la piel de toda mujer. La nueva mujer lleva en ella la acción y la sensibilidad, el erotismo y la mística, la paz y el fuego, la meditación y la expansión de la conciencia, la danza y el placer.

Potencia tu poder femenino

El día en que todas las mujeres se den cuenta de que con su mirada y su sonrisa pueden abrir todas las puertas, ese día cambiará completamente el mundo.

La mujer es un embrión energético, una dínamo, un crisol, un tesoro de luz. En su interior se refleja y gesta la vida. Toma conciencia de que eres una con la luna, con la mar, con la tierra, con la naturaleza, con todos los principios femeninos. Respíralos, hazlos una meditación. Eres la noche, las estrellas, las flores, la mística de la vida. Únete con ese poder, es tuyo, te pertenece. En mis seminarios de "Encuentros sagrados para mujeres", se siente una mágica energía, una comunión, un aura de encanto potentísima que une a las mujeres en forma ritual, física y espiritual. Es mágico ver de qué forma se potencia la sensualidad, la receptividad y la sensibilidad en conjunto e individualmente. El poder femenino es expansivo y profundo como el océano y también interno y devocional. Los cultos de la Antigüedad mencionan grandes rituales entre mujeres que danzaban y veneraban el fuego y las fuerzas de la naturaleza. La mujer contemporánea tiene que anexarle a su cuidado personal, su *glamour* y su independencia, el aspecto sabio, místico y enigmático que está en cada corazón. En antiguas tribus, cuando una mujer esperaba un niño, se reunía con otras mujeres a danzar y cantar la llegada de su bebé. ¡La madre lo recibía danzando! También iban al río en el momento del nacimiento, clavaban un palo en el agua, se sostenían fuertemente con una mano y con la otra recogían al recién nacido. ¡Qué poder! La mujer contemporánea, inteligente y sensual, sabe que dentro tiene un motor, una corriente que fluye por las venas y la vida que le susurra al oído:

"Eres una diosa, despierta, goza, celebra, canta la canción eterna de alabanza a lo divino".

El misterio de la mujer

Dios se disfraza de muchas cosas, pero el disfraz más bello es el de mujer.

Lo femenino lleva el estigma de la dulzura, la receptividad, la comprensión y el cariño. Experimentar la sensación de colocar la cabeza entre el vientre y los pechos de una mujer, relajarse en ellos con las manos de tu amante o tu madre acariciando tu cabeza es una de las experiencias más envolventes de este planeta. Cuando una mujer usa además de su seducción, su dulzura, su mirada, el tono suave de su voz, está logrando que todas las puertas se le abran. Entre mujeres existe un código, una complicidad, un lenguaje secreto como si comprendiesen la vida de la otra. Hace más de nueve mil años, las mujeres vivían juntas y dormían en la misma cama, tenían una intimidad espiritual y los hombres las fecundaban. La energía yin femenina, de manera opuesta al yang masculino, es absorbente, nutritiva, perceptiva, permeable. Acepta su misma energía para expandirse y nutrirse mutuamente, por ejemplo, en una danza o en un ritual. La mujer lleva dentro el poder divino y por sentirlo más fue censurada desde la Inquisición. Deja que la diosa que hay en ti fluya completamente. Pocas mujeres han iniciado guerras o invadido países, la mujer está más conectada con su espiritualidad y con su energía divina.

El nuevo hombre

Es más hombre el que puede llorar de emoción que el que grita de ira.

El nuevo hombre tiene sensibilidad y fuerza. Combina la magia y la caricia, el arte del sexo alquímico y del silencio, el despliegue de la danza y la sabiduría metafísica. Nos espera la transformación en el homo universal. Ya es hora de despegarse del mando del televisor y tomar el mando de la existencia personal. No podemos vivir pendientes del partido de futbol, sólo estar contentos si gana nuestro equipo favorito. Las mujeres se hartan y se aburren de los hombres que mutilan la aventura de su vida en pos del trabajo, el deporte, el periódico, la política o las copas con los amigos. El nuevo hombre es mágico. La magia más elevada es la que se realiza con la imaginación. La imaginación es la activación de lo que los nuevos científicos cuánticos llaman "el gen Dios" que está en tu interior. Así, lo que imagines será mágico, no porque escape a la razón, sino porque Dios lo realizará por medio de ti. Las mujeres quieren hombres divertidos, sensuales, ingeniosos, positivos y dulces. El nuevo hombre es sabio, pragmático, sutil, amoroso. Toda mujer adora admirar esas cualidades en el hombre. Poténciate y sensibilízate al mismo tiempo. No hace falta demostrar la hombría dando fuertemente la mano. Tú eres un hombre y lo puedes demostrar con una lágrima. El tonto estereotipo de "los hombres no lloran" ha generado escudos y corazas. El sol de la nueva conciencia trae la posibilidad de saltar en la evolución, evolucionar en ti mismo, una vez que sientes el poder interior y lo vibras, ya eres una melodía que se mueve, un imán que atrae lo que necesitas a tu vida.

Hombre, ¡conoce tu magnetismo!

Quien tiene la energía, tiene el poder.

El magnetismo y la electricidad es lo que crea la corriente de vida. Necesitamos entender las nuevas leyes, aunque éstas hayan existido desde siempre, para el nuevo hombre son nuevas; saber que el electromagnetismo es lo que mueve el mundo te hace tomar conciencia de cómo aumentarlo. El nuevo homo universal aliado de la belleza en todos los aspectos, con la meditación y las técnicas respiratorias, ya tienes media puerta abierta. Pero, lo que magnetiza el cuerpo es la energía que emites. Tu vibración personal. Desde la calidad de tus alimentos hasta la forma de masticar, asimilar y digerir que tengas de ellos, pasando por las prácticas de elevación de la energía, tendrás para ti un regalo constante de energía magnética que influirá positivamente en tu nueva vida. De la misma manera es importante cultivar la práctica energética-sexual por medio del ahorro y acumulación de la energía de la vida: la eyaculación. Ahora cada vez más gente sabe el gran secreto alquímico-tántrico: el hombre puede tener orgasmos sin eyacular. Normalmente, un hombre común puede sentir que le falta algo si no eyacula, como si la sinfonía no tuviese final. Básicamente, lo que buscamos es hacer elástico el deseo y la energía sexual de vida. Esto quiere decir que tienes que mantenerte siempre encendido, el vuelo del deseo debe mantenerse elevado. Y la eyaculación apaga el deseo, debilita los órganos, los sentidos se atrofian, viene el sueño y la ausencia de magnetismo. Se ha perdido la posibilidad de la unidad energética. Hubo una pseudounidad física, una descarga de tensiones y un poco de placer, pero el orgasmo es otra cosa totalmente distinta. Para que puedas entenderlo: imagina por un momento lo que es una habitación con un lamparita de veinticinco *watts* de potencia, será una luz tenue, intermitente, que ilumina un poco. Ahora imagina un estadio de futbol por la noche con todas sus luces encendidas... ¿Es diferente la sensación verdad? Pues, con la eyaculación y el orgasmo es similar. Una breve ráfaga de luz en comparación con la permanente luz del sol orgásmico de tu cuerpo. La capacidad multiorgásmica en el hombre se descubre venciendo el instinto con la conciencia, conociendo los puntos del cuerpo que detienen la eyaculación, respirando con las técnicas tántricas para imprimir mayor aire al fuego sexual, dominando la mente que es el principal órgano sexual, distribuyendo la energía eléctrica del sexo por todo el cuerpo más globalmente y menos centralizada en lo genital. Olvídate del semental, no tienes que dejar la marca del semen a ninguna mujer creando la falsa ilusión de posesión, sino siembra la tierna y prolongada fragancia de la sensibilidad, la plenitud y el deseo encendido durante todo el día. Esto hará que la creación de tu cuerpo de luz, de tu expansión de conciencia sea más clara y nítida día a día.

Ejercicios para parejas
Ésta es una invitación para que exploren nuevas facetas de su sexualidad, sensualidad y seducción. El nacimiento de nuevas sensaciones, chispas que pueden llevar a un fuego más profundo. La consigna es jugar con la energía. No hay que tener prisas ni introducir la mente, es una secuencia que puede hacerles sentir el despertar prolongado de la energía sexual kundalini, estando en todo momento atentos y conscientes. Se buscará estimular los sentidos desde varios ángulos.

1. Masaje sensitivo
A diferencia de otros métodos de masaje, pueden dejar libres sus manos para despertar la sensualidad y la sensibilidad mediante el masaje. Como arte, el masaje es una herramienta fundamental para acercar energéticamente a los practicantes, trascendiendo toda dualidad y personalidad. Lo que importa es la intención más que la técnica. Pon en tus manos todo tu amor, goce y perfuma el cuerpo con la fragancia del erotismo. Distribuyan esa energía por todo el cuerpo.
Duración: al menos veinticinco minutos cada uno.

2. El abrazo de luz
Es sinónimo de unidad, al dejar que las sensaciones de unidad, plenitud y conexión se produzcan entre ambos. El abrazo puede ser un reemplazo y un preámbulo del acto sexual. Al abrazar al otro, abrazas el sol, el fuego, abrazas la luna, la tierra, la mar.
Duración: sin tiempo.

3. Compartiendo el aliento de vida

La respiración compartida genera un puente que trasciende lo físico. Al respirar la exhalación de tu pareja, inhalas la magia que tiene para ti. Al darle tu aliento compartes tu poder. Esta respiración es altamente erótica. Es posible realizar dos variantes, por la nariz y por la boca.

Duración: tres minutos.

Capítulo 9
REDISEÑA TU INTENCIÓN Y TU CONFIANZA

Vive como un ser inmortal

Cuando me muera, seguiré vivo.

Cuando tomas conciencia de que eres libre, al mismo tiempo se asienta dentro de ti el entendimiento de que tienes un campo de posibilidades y elecciones. Estar vivo no significa solamente que no estás en el mundo de los muertos, sino que estás vivo en acción. De nada sirve vegetar sin entusiasmo, sino estar plenamente vivo. Eso sucede cuando tu vida es una aventura, una evolución constante en tu camino de luz, porque no hemos venido a realizar sólo el American Dream, sino a descubrir el propósito de nuestra existencia en la Tierra y celebrarla. Tal como Aquiles Vangelis, en mi novela *El secreto de Adán*, la muerte es una transformación de la vida que llegará en el momento que tiene que llegar; mientras tanto, pongamos todo el empeño en adentrarnos en nuestra inmortalidad, en percibir la conciencia eterna que somos. Nadie en su sano juicio crea algo tan bello como la vida en la Tierra y luego la deja morir sin ningún sentido. No estamos creados por un Dios bobo, ni por criaturas primitivas, sino que tenemos un destino individual y global dentro de nosotros. El ser humano es una creación perfecta a su nivel. Sospecho que hay niveles de creación de seres mucho más elevados y en eso podemos transformarnos con la evolución de la conciencia, para ello, cuando la meditación se va acrecentando, trae la fragancia pacífica de saber quiénes somos.

Tu palabra y tu intención es poder

Yo cumplo mi palabra. Tú cumples tu palabra. Él cumple su palabra. Nosotros cumplimos nuestras palabras. Vosotros cumplís vuestras palabras. Ellos cumplen su palabra... Y de esa simple forma el mundo se sanaría en paz.

Al conocer el poder de la palabra y hacerlo correctamente, estamos usando el poder divino. Empieza por ti. Lo que digas se cumple. "Que se haga la luz" se cree que fue la primera oración. Y así ha sido desde entonces. La intención en la creación es fundamental porque es la chispa de arranque para que el universo comience a crear tu decreto. Tenemos poder y fuerza en nuestra intención. Cuando te propones algo, llegará en su momento y lugar adecuado; lo digo por experiencia porque han sido varias las veces que se ha manifestado lo que he decretado. Con la ayuda de un cuarzo blanco, allí puedes poner información, grabarla como si fuese un USB en una computadora. El cuarzo almacenará la vibración de tu pensamiento y será una especie de magnetizador. Generará una onda vibratoria constante que hará que tu pensamiento-intención esté proyectado al cosmos. Tenemos que sacarnos de la mente la palabra *imposible*, porque hay ilimitadas posibilidades de la realidad. Bajo el prisma de la física cuántica se sabe que la realidad cambia de acuerdo con la forma en que diseñes con tu intención. Toma tu intención y sal a la vida a realizar tu misión. Todo el universo está a favor nuestro.

Sujeto y objeto son uno y lo mismo

¿Está separado el sujeto del objeto por más que los dedos no se toquen? Si piensas que las cosas están separadas entre sí, es porque ves la ilusión de la distancia. Imagina que si alejas el sujeto del objeto quedarán unidos por un camino largo; si los juntas, quedan unidos por un camino corto. No hay posibilidad de separación en el universo. Europa no está separada de América, están unidas por el mar y por la tierra submarina. Con distancia o sin distancia seguirá todo unido. Por lo tanto, ¡ni tú ni yo estamos separados de nada! ¡Todo está unido! Al comprender que todo influye en todo, entendemos que estamos "dentro" de un cuerpo llamado universo, que es infinito; y "como arriba es abajo", dice el *Kybalión*, entonces al vivir con conciencia de unidad percibimos que la magia está en todo, la unidad está en todo, la conexión y la sincronicidad también. Sujeto y objeto están unidos por una distancia, pero si esa distancia se alarga o se acorta, la unión continuará: no hay posibilidad de separación si no hay un "afuera". Incluso, todos estamos conectados por la energía, por leyes, por la fuerza de gravedad, por el campo de energía, etc. A nivel de conexión física, si estiraras la mano hasta el árbol que está en la esquina y lo tocaras, dirías que estás unido a él, ya que estás en contacto físico; pero si no lo tocas, también estás en contacto, visual, por ejemplo; o bien, en el sentimiento hacia el objeto también estás en contacto, aunque físicamente estés a más distancia. En estos tiempos, lo que se está descubriendo mediante la física cuántica es que puedes estar en contacto con todo lo que existe, si tienes la conciencia de unidad. Practica diariamente tu conexión con el sol y con el centro de la galaxia, desarrolla ese sentimiento de unidad que te irá generando, y poco a poco te sentirás más en "casa" con el resto de las cosas y objetos.

Tu camino es mágico

Cuando un hombre se empeña en realizar el camino de su Dharma, hasta las nubes del cielo conspiran para abrirle camino.

A lo largo de la historia, las personas que han conseguido lo que han querido ha sido por una tremenda fuerza de voluntad, ésa es la intención: intentar algo y crearlo, porque lo ves con los ojos de la realización. Cuando a Mark Hughes, creador de una famosa compañía de productos naturales, su asesor y mano derecha no le creía cuando él dijo que llegaría a una cifra récord de gente y ventas, él le respondió: "Te presto mis ojos". Ya que los ojos de un visionario están libres de miedo y limitación. Entonces, tomemos conciencia. Empieza imaginando pequeñas cosas para realizarlas y agigantar tu confianza, ya que por historia y estadísticas, las personas que se atreven a hacerse a la mar de lo desconocido y bucear en el infinito campo cuántico de posibilidades son quienes logran sus objetivos. El número más importante es el cero, porque alberga a todos los demás; la matemática es infinita porque puede multiplicarse, sumarse, dividirse y potenciarse enormemente. Nosotros albergamos un cero en la conciencia, pero siempre nos han enseñado a contar como ovejas, uno más uno y no salirse de lo conocido. Así dijo Albert Einstein: "Si quieres resultados distintos, no hagas siempre lo mismo".

Es tiempo de comenzar a ir más allá de creencias, modelos y estereotipos sociales, es hora en que lo nuevo está abriéndose camino en mucha gente. Comienza a sentir y pensar en unidad con la vida, a ver claramente tu camino, a sentir confianza de poder manifestar lo que necesitas. Comienza pensando y repitiendo diariamente:

No opongo resistencias al río de la vida.
Confío, fluyo, con confianza.
Y de esta forma... todo es correcto.
¿Qué sería lo más grave que puede pasar?
Estamos destinados a la luz.
La fórmula es: vivir, volar, sentir y crecer,
porque el río está destinado a llegar al gran océano.

La intención traspasa el tiempo

Cuando la energía personal de la intención se eleva al máximo y crea las condiciones necesarias y el tiempo correcto, todo lo que decretas se cumple.

Hay que quitarse programaciones negativas que fueron tomadas como verdades. Por ejemplo, recuerdo que en Argentina donde me crié es muy normal que cuando alguien te pregunta "¿Cómo estás?", la respuesta del otro sea: "Aquí, en la lucha". Ese "en la lucha" está decretando que la vida es un conflicto, una pelea, un esfuerzo. Hemos sido adoctrinados para alimentar el ego porque la idea que prevalece es que el ego es el que pelea, el que lucha y lo consigue. Y a luchas más ganadas, egos más respetados. La vida no funciona así. La vida no realiza esfuerzo alguno. La frase "ganarás el pan con el sudor de tu frente" no significa que tienes que esforzarte, sino que estés fervientemente feliz de hacer lo que te gusta, de realizar tu destino con plenitud. El sudor indica que tu cuerpo está vivo, energético, efervescente. Que estás contento de hacer lo que haces, que transpiras tu camiseta. Hemos visto la imagen de Atlas que sostiene el mundo bajo sus espaldas; esa imagen del esfuerzo es válida, pero para el universo la creación no es esfuerzo. Un pintor no hace un esfuerzo sino que deja salir lo que tiene dentro; un músico "recibe" la melodía cuando se contacta con el alma del mundo, un escritor deja bailar las palabras sobre el blanco del papel.

Tu intención está más allá del tiempo, es una intención consciente que maneja la energía del deseo, la electricidad de la vida está a tu favor. Eso es una gran revolución porque el poder de la oración no es otra cosa que decretar lo que quieres que suceda. Y cuando suceda también di gracias, porque siempre pedimos mucho y agradecemos poco. Necesitamos sentir que trabajamos en equipo con el universo, más allá del tiempo y de las leyes físicas convencionales, lo que para nuestros ojos humanos es algo inmenso, para el universo es pequeño. La intención supera las medidas y el tiempo.

Uno

*Una parte contiene al todo, pero el todo
es más que la suma de las partes.*

La naturaleza de las cosas está en todas las cosas. La energía de la vida es lo que va conectando a los seres. La vida misma hace latir a todos los corazones sin importar que estén cubiertos por un color de piel diferente. En la multiplicidad está la unidad. En todos lados está la unidad constante bajo diferentes formas, la misma energía que eleva la hierba para que crezca, eleva al árbol y al bebé recién nacido. Esa fuerza intrínseca en todo es la fuerza de la creación, el empuje del Big Bang, cuando comenzó a manifestarse la creación desde lo no manifiesto. La fuerza del proceso digestivo luego de una comida es la misma fuerza en todas las personas, la fuerza del amor es igual en todos, la fuerza de la vida está en todo lo que existe. Queremos ver a un Dios en cuerpo físico, nos cuesta comprender que algo infinito tiene que estar en muchas formas, no sólo en una sola. La misma fuerza es la que hace fluir la sangre, la misma imaginación es la que hace tener una erección o sentir deseo hacia alguien. Somos uno en muchos cuerpos. Me viene a la mente una cita de Nikos Katzantzakis, escritor griego, autor de *Zorba, el griego* y *La última tentación de Cristo*, quien dijo: "Hay una sola mujer en el mundo, una mujer con muchos rostros". Hermann Hesse, autor alemán de *Siddartha*, entre otros, mencionó: "Sentir la unidad en todas partes, respirarla; en ello radica el saber supremo".

Para la conciencia todo es posible

*Si dices que es difícil, será difícil. Si dices
que es fácil, será fácil. Tú decides.*

¿Imaginas la cara de la gente cuando Jesús afirmaba que podía reconstruir un templo que fue edificado en ochenta años en sólo tres días? Si bien, puede ser una frase simbólica de los futuros tres días de oscuridad, no hay mayor persona en la historia humana que haya manejado la intención y los decretos, o lo que llamamos milagros, de forma tan contundente como Jesús, el cual añadió: "Éstas y cosas más grandes puedes hacer si tienes un poco de fe". Jesús mostró como Buda y otros iluminados que para el alma todo es posible, que puedes ir más allá de las leyes físicas. Estamos reaprendiendo, estamos entrenándonos. Es importante ir familiarizándonos con esos pequeños milagros que generamos poco a poco, aunque sea el hecho de pensar en alguien y que esa persona te llame o reaparezca en tu vida. Creo que estamos en un punto de recuperación de poder, de renovación espiritual y de confianza en lo que somos.

Confianza en la inseguridad

Aquello que llamamos incertidumbre, que moviliza el interior, se llama amor, pero... si sientes demasiada fragilidad (como una rosa) y tienes miedo, busca la seguridad, sí, pero recuerda, esa seguridad te hará vivir en blanco y negro.

Hay momentos en que estamos dormidos y somos caprichosos al querer atravesar algunas situaciones innecesarias. Queremos ir contra la corriente cuando todo va en sentido opuesto. Por ejemplo, veo muchas veces la misma situación en mis consultas: una mujer sensible, espiritual y consciente, empeñada en salir adelante en una relación con un hombre tosco, burdo e inexpresivo emocionalmente, espera que la varita mágica de algún hada lo haga cambiar de un día para otro. Un hombre dominado por una mujer controladora. Una pareja gris que intenta continuar por miedo al cambio. Un trabajador que trabaja más por el dinero que le dan que por el éxtasis de colaborar con el gran trabajo universal. Existen mil y un ejemplos de nadar contra la corriente. Hay etapas de nuestra vida en que nos empeñamos en ir contra la corriente como si fuésemos Hércules que todo lo puede. Es mucho más simple y productivo, se disfruta más del paisaje si te dejas llevar por la corriente, si aprovechas la fuerza de la vida para manifestarte. Ir con la corriente no significa ser una oveja de una masa inconsciente, de hacer lo que todos hacen, al contrario. Ir con la corriente significa estar en sintonía con las fuerzas de la naturaleza, estar en el momento justo y en el lugar adecuado. Ir con la corriente quiere decir escuchar las corazonadas, la intuición, la capacidad de percepción interna.

La semilla confía en su potencial, la rosa que germina confía en la vida a pesar del granizo. La confianza está en todo. Confías en los semáforos, en un presidente, en tu pareja.

Si vamos contra la corriente, es muy probable que la fuerza opuesta que viene en contra nos lleve hacia un golpe seguro con una roca. Y en ese momento es cuando le echamos la culpa a la vida que nos trae dolor porque es una lucha. ¿Acaso no te das cuenta de que era en sentido inverso? Golpearte con la roca es porque ibas en contra de la marea de la vida, no porque la vida te haya golpeado. Para rediseñar tu vida hay que saber aprovechar hacia dónde va la energía. Es obvio que si vas contra la marea, ésta como fuerza rebelde e indomable te dará un golpe por tu resistencia. Y no lo hace ella, lo haces tú. Por lo tanto, deja de nadar contra la armonía, déjate llevar, suelta tu puño cerrado que sólo contiene un puñado de arena; si lo abres, toda la arena del desierto pasará por tu mano; si lo cierras, sólo un puñado que se te irá escapando por los dedos.

La apertura y la confianza en la armonía de la vida producen un viaje consciente. Si no quieres conflictos emocionales, no nades a contracorriente y no te dejes llevar sin las manos en el timón, porque dejarse llevar no significa ir a la deriva ni mucho menos. Un capitán de su vida sabe conducir su barca personal por las corrientes. Todo responde a un orden original, nada está descontrolado, sino en completa armonía. Somos nosotros los que alteramos esa armonía universal contaminando los mares, recalentando el planeta, contaminando un ser vivo como la Tierra. Sospecho que por ello nuestros hermanos mayores van apareciendo en diferentes partes del globo con sus naves, para ver que todo siga en armonía, porque si la Tierra tiene problemas, los problemas se extienden a todo el Sistema Solar. Ahora se está estudiando el efecto de las emociones colectivas en el clima geológico. ¿Podrían las emociones negativas juntarse y generar una nube de energía densa que provoque un terremoto? Porque ninguna energía se pierde sino que se transforma. ¿Podría una misma idea y nivel vibratorio de iluminación personal desencadenar una iluminación colectiva? Esto es realmente revolucionario. Lo hemos creído bajo el poder de la oración y de ciertos rezos y rituales, la creencia de que influimos en la realidad y que lo que llamamos milagro es la unión de las energías en pos de la concreción de una intención. No hay un dios que premie a un equipo de futbol por gritar más o alentar más, sería un dios injusto. Lo que sucede es que la masa de energía de una misma gente de un equipo genera la fuerza vibracional que le llega a sus jugadores.

De la misma manera, ensuciamos las aguas de nuestras emociones, recargamos el cuerpo con actividades múltiples, contaminamos nuestra mente con creencias, costumbres represoras e ideas dualistas. Si no nos unimos como seres de luz siempre, la división nos debilitará. La unidad produce la perfección. Cuando nos asociamos con la vida nos asociamos con todo lo que existe, nuestro mundo emocional necesita expresarse en libertad y estar a favor de las corrientes que lo apoyan.

Amor o desamor

¿Tú miras las estrellas por las noches? ¿Y qué ves? ¿Brillo?
Ellas también miran hacia la Tierra y ven quién de los seres
humanos brilla y quien no... ¡Por eso, brilla con luz propia!

Hay dos maneras básicas de vivir, estar enamorados o no. El amor es la energía y el motor que alimenta al ser humano. La vida toma colores con el amor, con la vibración intensa y burbujeante de la unidad amorosa. En el camino del amor crecen flores pero también malezas. Es un entrenamiento, es un constante dar y manifestar, porque el amor, igual que una planta, necesita cuidados y atención. Solemos confundir sexo con amor. Hay muchas personas que hasta que no pasa una semana, un mes o un circuito de salidas al cine, a cenar, a pasear, no hacen el amor, mejor dicho no tienen sexo con ese "desconocido". Cada persona tiene diferentes tiempos, unos pueden tener sexo a pocas horas de verse por primera vez, otros en cambio necesitan más. Allí ha surgido la pregunta: ¿existe el amor a primera vista? ¡Claro que sí! Si ambos se aman a sí mismos, es completamente lógico que "contagies" con tu amor al otro. Si dos personas están enfermas, comparten su enfermedad. Si dos personas sienten el amor por sí mismos dentro, comparten su luz. Si tienes tu ser despierto, si tu piel está receptiva, puedes sentirlo, está disponible todo el tiempo. ¡La vida es la energía del amor! Muchas veces lo que aparece primero es la atracción, esto es inevitable, es una ley energética que está adherida en la vida misma. Por más que lleves veinte años de casado, siempre te atraerán otros seres, porque la atracción, la indiferencia o la repulsión son las únicas tres fases que puede tomar la energía humana. Puede haber sólo atracción sin amor, pero también atracción y amor. El amor es el impulso por querer al otro, por brindarle mimos, besos, caricias, protección, risas, liberación, vivencias... Te sientes atraída o atraído por alguien y también quieres amarlo, porque rebosa de ti el amor, porque lo sientes y puede ir en cualquier dirección. El problema es cuando el corazón personal está bloqueado o cerrado. Allí no podrás dar amor hasta no limpiar el corazón porque sólo puede dar amor quien lo siente por sí mismo primero, por toda la divinidad y luego compartirlo con alguien más. Osho menciona: "No puedes estar enamorado de una persona y no de los demás. Si sientes amor, lo sientes las veinticuatro horas del día hacia todos los seres". Creemos que debemos amar a una sola persona. Obviamente, tu pareja es tu amor especial, la unidad, pero eso no impide que ames a más personas. Detén tu mente en este momento porque sé que dirás: "¿O sea que puedo amar a todo el mundo, puedo hacer el amor con todo el mundo?" La respuesta sería sí, pero entiende una cosa. Al dar amor (no sólo por medio del sexo, ya que hay muchas maneras) te amplías, te expandes, de la otra manera la luz sólo sale en una dirección, te pierdes el horizonte si miras el suelo, te pierdes el valle si estás sólo en la montaña, el amor es un gran abrazo a la vida. Aprendí que amar a mucha gente no necesariamente implica que haya sexo; puedes amar a tu mujer o a tu hombre, incluyendo obviamente el sexo, y también a mucha gente mediante el amor de amistad, sin sexo, con dulzura y alegría. Con la energía del amor desaparece el sentimiento de soledad existencial, no estás solo, estás con lo divino en todos los seres. Recuerda: hay una sola madre, un solo padre, pero eso no quita que puedas amar a todo el mundo. Veo muchas parejas con unos enormes celos, los celos parten de la posesión y el miedo a perder. Yo también tuve que atravesarlo como todo el mundo, cuando te das cuenta de que eres un emperador, un amante excelente, sin necesidad de sentir celos porque estás seguro de que quien te ama, vuelve a ti día a día porque tienes mucho valor, o si no tienes muchísimas personas a quien amar, hay muchas mujeres hermosas y dulces; muchos hombres atractivos. Hace muchos años escribí en un cuaderno de apuntes: "El amor te lleva al reino de los cielos, la posesión hacia el reino de los celos". Quien siente celos es el ego, el amor es expansivo, se deleita en sí mismo.

Todo pasa por recordar

Recuerda quién eres. No te confundas. Vive inspirado. Vive confiando. Hay algo más grande que tus miedos que espera tu entrega. Llámalo como quieras. A mí me gusta llamarlo infinito.

Ya tenemos lo que buscamos, ya sea que esté manifiesto o en potencialidad de serlo, ya está dentro nuestro. Dijo Buda: "Todo lo que somos es el resultado de lo que hemos pensado". En estos tiempos de cambio y renovación, donde la energía está despertando muchas conciencias y ofreciendo otra nueva-vieja visión renovada, es una gran oportunidad para recordar lo que sabemos. Tenemos todo el conocimiento dentro en nuestro cerebro y ADN. Pero ha sido anestesiado y debilitado. Sabiendo que la intención, la afirmación y las creencias afectan la programación del cerebro y desconectan la potencia total del ADN, es un trabajo personal limpiar las creencias y las ansiedades futuras para dejar que lo que llevamos dentro emerja con claridad. Ese recuerdo de lo que somos, de donde venimos y lo que hacemos en la Tierra, es la magna oportunidad que como humanidad se nos presenta actualmente.

La felicidad como resultado

Lo que una persona necesita para ser feliz es inteligencia en acción y apertura interior. Si la inteligencia está durmiendo y te cierras, estás destinado a sufrir.

Si te observas a ti mismo como luz dentro de un cuerpo será más fácil. Imagínate que eres luz y que tu acción, pensamientos y sentimientos, van proyectados por esa luz. Si hay miedo, la luz baja. Céntrate solamente en proyectar la fuerza de la luz, en sentir que todo lo atraviesa y lo penetra. Vive como si tuvieses poderes de superhéroe, vive como un dios que manifiesta su luz por tu propia vía. En realidad, es un juego de la fuente multiplicarse en diferentes formas para autoencontrarse una y otra vez. Por ello, los místicos como Sivananda han dicho: "Dios está en todos los hombres, pero no todos los hombres están en Dios, por eso sufren". No se trata de religión, sino de conciencia individual unida a la conciencia universal. Así de simple. Cuando estableces una conexión consciente, la felicidad es el resultado inevitable de esa conexión.

Ejercicios

1. La potencialidad en silencio

Verdaderamente el silencio no existe, ya que en el universo siempre hay sonido. Es imposible que haya silencio ya que a partir del Big Bang, vayas a donde vayas, está la melodía de los planetas, los animales, la gente y todo lo que existe emite el sonido de los sonidos: OM. No hay silencio en ninguna parte ni siquiera dentro de ti, ya que el latido cardiaco y la respiración también generan sonidos. Ponte en quietud tratando de serenar los pensamientos y centrarte en la vibración más sutil dentro de ti. Puedes hacerlo acostado en la cama.

2. Fusión de los chakras

Es un ejercicio para realizar en pareja, pueden ser simplemente amigos sin ser una pareja de relación. Se colocarán sentados espalda con espalda para fusionar los chakras, comenzando del primero en la zona genital al séptimo en lo alto de la cabeza. Respiren al mismo tiempo hasta sentir la amalgama energética entre ambos, esto produce una profunda conexión a todos los niveles. Las energías se potencian y se armonizan para que se vaya abriendo el acceso a niveles profundos y al despertar de facultades como la telepatía.

Duración: diez minutos.

3. Carga tu cuarzo personal

Antiguamente, los atlantes colocaban información mística en los cuarzos. De la misma forma, en la actualidad colocamos música en los discos y CD. Las piedras contienen vida y energía, son un receptáculo para llenar de intención y protección cada gema. Pueden tener sus gemas personales en su sitio de prácticas cercano a los ejercicios para cargarlos cuando estén practicando altamente magnetizados. Dejar la mente en blanco, concentrarse en la fuerza superior, abrir la zona del tercer ojo e imprimir el poder específico que queremos colocar dentro de la gema escogida. Pueden llevarla luego en la cartera o en la ropa durante todo el día.[4]

---

[4] Ver los dieciocho pasos para cargar un cuarzo gratuitamente en www.elsecre-todeadan.com.

Capítulo 10

REDISEÑA TU CREATIVIDAD Y TUS ACTIVIDADES

El arte es la sangre de la vida

El mundo necesita más artistas, más seductores, más gente cariñosa, más abrazos, más yoga, más gente con luz y menos envidia, menos miedo y menos críticos.

Es muy sencillo tomar energía del universo, pero antes necesitamos ver qué haremos con ella. Esa energía puede salir en forma de ira, enojo, broncas, o bien, puede tomar el camino opuesto: la energía creativa. Intenta pintar usando los colores y formas que quieras, es un acto de libertad. Aunque pienses que no sabes pintar, no dejes que la mente interfiera. Trabaja en silencio, en común-unión con la vida que pinta un cuadro diferente cada día a cada momento. Deja que tu alma se exprese, se libere de presiones, sin juzgar ni opinar.

Cuentan que una señora muy rica, de alta sociedad quiso ser retratada por el genio de Salvador Dalí. A cambio de mucho dinero, el artista accedió. Cuando comenzaron a trabajar, la mujer no podía detener su lengua y hablaba y hablaba sin parar. "Píntame lo más bella posible, como tus creativos ojos de artista me vean", le dijo. Cuando el cuadro estaba terminado, la mujer organizó una fiesta de lujo para mostrar la obra en sociedad, aunque ella no la había visto aún. En la fiesta había muchísimas personas y el cuadro estaba cubierto con una tela. Al mostrarlo, ¡los presentes se mostraron atónitos! ¡Una enorme boca roja era lo único que estaba pintado sobre la tela! Dalí argumentó que un artista capta lo que ve y él veía sólo una boca moviéndose sin parar una y otra vez. Esta divertida anécdota nos indica que si pintamos podemos ser amigos del silencio y también de todo lo que hagamos. En el silencio puede salir la creatividad pura. Podemos usar cualquier tipo de arte para volcar nuestra felicidad creativa, incluso si uno no está pasando un buen momento emocional. Pintar es terapéutico, ayuda a soltar los colores que llevas dentro, a romper la monotonía del blanco y negro, del gris. Deja que tus manos se suelten sobre la tela, incluso puedes simplemente mezclar colores, no tiene que tener una forma determinada. Píntate un cuadro, algo que salga de tu corazón sin copiar ni imitar, un acto creativo auténtico. Puede incluso ser con la música o cualquier arte, hasta la cocina. Nos abrimos al manantial creativo que hay dentro de nosotros como un enorme río efervescente. El arte está en el observador también. Si colocas un valioso cuadro de Salvador Dalí debajo de un árbol de una tribu de África, los nativos posiblemente no le prestarán atención. Hace falta más arte en los ojos que observan y valoran la obra, que en el artista. De la misma forma, alguna gente valora más a alguien cuando está muerto que cuando está a su lado tomando una taza de café.

¡Inventa, crea, autodescúbrete!

Para inventar hay que saber, porque no hay mayor invento que la vida y mayor inventor que Dios.

Que cualquier cosa que hagas durante el día sea con arte. Si le pones corazón a lo que haces y usas la acción como meditación, ya puedes llamarte artista. Y allí, en tu arte, miles de posibilidades se despliegan ante ti. Somos semillas. Hay un potencial enorme dentro. Todos los descubrimientos que los sabios han hecho se debieron a que pudieron captar dentro de sí lo que está en el aire, en el mundo de las ideas. En realidad, hay una sola cosa imposible para el ser humano y es contar todas las estrellas que existen en el universo. Aunque sí puedes tener una estrella especial que conecte contigo. Después de eso, puedes hacer lo que quieras en este mundo. El potencial está latente, es trabajo de cada uno ir desvelándolo.

La invención viene de la creatividad, la creatividad viene del chakra de la garganta, actívalo con inspiraciones profundas, con el ejercicio de los tres cerrojos que figura en *Rediseña tu respiración*, y deja que las ideas vengan a ti. Apóyate en la música inspiradora, siente tu pasión y crea. Déjalo salir, activa tu genética creativa.

No vivas para trabajar

Nacemos solos. Morimos solos. En el tiempo conocemos gente. Amamos, reímos, bailamos...; pero el viaje es solitario. Bienaventurado el que está feliz en el lugar que está y no quiere estar en otra parte.

Cuando una persona se siente solitaria se refugia en el trabajo. Solitaria por ambición de tener posesiones materiales y trabaja más de la cuenta. ¿Para conseguir qué? El amor es lo más importante, eso te dará todo lo que necesitas como consecuencia de la fragancia de ese poder. Recuerda: que tu trabajo no dure más de ocho horas al día. Y sobre todo, no lo sigas llevando en la mente cuando salgas de tu oficina. Para eso: meditación. Ahí está tu libertad, si no serás un esclavo con sueldo. Hay gente que se droga con cocaína, otra se droga con el trabajo, otra con las religiones, otra con drogas menores como el fanatismo del futbol y la televisión. Todos coinciden en algo: el miedo a la libertad. Porque si te das cuenta de que eres libre, que puedes viajar, sentir, explorar lo desconocido, experimentar la divinidad en el atardecer, de la comida, del sexo tántrico, de las montañas, del arte, del tacto de tus manos y de tantas miles de cosas, una persona se dedicaría por entero a realizar la misión por la que vino a la Tierra. Algo es seguro: no has venido para esnifar, ni a alentar un equipo de futbol, ni para vender camisetas, ni a trabajar en un banco. La felicidad está en la actitud. Nadie cobra por ir a ver el atardecer. Puedes pasarlo de largo o puede inspirarte el hecho de mirarlo. Cada uno decide. La felicidad está en la libertad de elección. Somos libres de vivir enfrascados en la rutina rumbo a la muerte o vivir cada día al máximo como si fuera el último.

Al pobre le preocupa ganar dinero, al rico le preocupa cómo hacer para no perderlo. Poca gente vive como un rico sin tener mucho dinero ni muchas preocupaciones.

Recuerda que cuando tu trabajo, profesión o actividad deja de ser un medio y se transforma en un fin, estás en problemas. No es lo mismo un medio para ganarte la vida, que sea el fin de tu vida. Porque allí, justo allí, te olvidas para qué estás realmente en este mundo.

Crea tu vida como un artista

Si no hicieses lo que estás haciendo ahora... ¿Qué harías?

Hemos perdido la conciencia de quiénes somos. Nuestra esencia es puro poder, pura luz y talento creativo. Sólo algunas personas, llamadas artistas, se destacan por usar estos poderes. Todo el misterio consiste en hacer de nuestra vida una obra de arte; diseñar tu futuro de acuerdo con como vives tu presente: el regalo de la vida usado con sabiduría. Vivido. Sentido. Allí está la capacidad divina manifestándose. Si dormimos hasta las once de la mañana y dejamos pasar la vida o no nos emocionamos con la salida del sol, o si no se estremece nuestro corazón con una bella melodía, estamos en problemas. Si te cuesta reír como algo natural, tienes las garras de la seriedad comiéndote el hígado de la felicidad como Prometeo. Necesitamos reconectar con las fuerzas de los dioses. Mediante los rituales que puedas hacer, como cantar una simple canción con el corazón abierto, este poder se despierta en ti.

REDISEÑA TU CREATIVIDAD Y TUS ACTIVIDADES

Puedes conectar con tu divinidad que más sientas, sabiendo que es un detonante para despertar la divinidad que está en tu interior. No se trata de venerar ninguna imagen, sino de buscar tu propia sabiduría; hay momentos de apoyo que la fuerza de una cualidad, una obra de arte, la naturaleza o de una melodía nos traslada hacia adentro. Por que... ¿qué es sino Dios mismo manifestado cuando una balada nos lleva hacia otro plano de conciencia? ¿Qué es sino la mano divina cuando un cuadro o un poema o un libro te emocionan y te motivan para despertar tu creatividad? ¿Qué es sino la divinidad con el orden original visible a través de la luna y las estrellas deleitándote cada noche? Todas las capacidades divinas se manifiestan por el arte y la naturaleza. En cualquier nivel que lo concibas los dioses están allí para llenarnos de protección y guía. Se manifiestan en la belleza, en la música, en las letras, en los ojos humanos, en la intuición, en el silencio, en los abrazos, en la risa, en el sexo consciente, en la danza y en tantas otras formas.

Ejercicio

El viaje de la energía creativa

Ésta es la máxima ruta energética a la que podemos llegar como seres humanos: llevar la energía del sacro (sagrado) a la cabeza (corona). Esta "sagrada corona" es la llegada de la energía sexual transmutada hacia las alturas espirituales que habitan en nuestro ser. Esta respiración/meditación posibilita que nos familiaricemos con el sentir de esta energía.

Sentados en semiloto, solos o en pareja apoya la espalda en la del compañero, inhala y exhala al mismo tiempo que visualizas cómo sube la energía de chakra a chakra. Puedes imaginar los colores de los chakras para intensificar el efecto.

Beneficios:

- Eleva la energía, la psique y la vitalidad.
- Conecta con todos los reinos internos: animal, humano y divino.
- Fusiona las energías.
- Transmuta la energía sexual en energía creativa sin represión.

Capítulo 11

REDISEÑA TU ABUNDANCIA

Practica la ley de abundancia

*El universo hace apología de riqueza: miles de billones de
estrellas, miles de billones de flores, miles de billones de células.*

Si miras alrededor de ti, verás que nada es carente ni ahorrativo.
Mira la cantidad de espermatozoides que salen en una eyaculación, mira la cantidad de estrellas, soles y planetas, la cantidad
de árboles, de semillas, de variedad de especies. La avaricia no
existe en el universo. La avaricia viene por miedo a perder lo que
tienes, y perder lo que tienes viene por creer que es tuyo. Abundancia significa que un caudal inagotable de posibilidades surge constantemente creando nuevos seres, nuevas oportunidades,
nuevas estrellas. De manera urgente necesitamos pensar y sentir
con abundancia. Las crisis muchas veces son inventadas por el
gobierno secreto, por grupos de poder económico para que la
gente sufra y viva pensando en las necesidades básicas y se pase la
vida luchando para lograrlo sin que quede tiempo para esas "cosas
raras", como ¿para qué estamos en la Tierra?, ¿de dónde venimos?,
¿quiénes somos y qué es la divinidad?

La abundancia es intrínseca por doquier. Observa tu sangre
con microscopio, verás que aproximadamente cien billones de
células recorren tu interior. Si sabes ver el prana en el aire, verás
miles y miles de círculos de energía. Por todos lados la creación
nos muestra abundancia. Pero... ¿por qué una persona piensa con
carencia? La respuesta radica en la mala educación de generación
tras generación. Hay varios *tips* que circularon como verdades y
son mentira. El primero es pensar que la espiritualidad y el dinero

son antagónicos. Si Dios está en todo lo que existe, también está en el dinero, ya que el dinero es una función divina en este plano, pero por miedo a perderlo se ahorra. Hay una historia sobre uno de los automóviles de Osho, maestro popularmente conocido por su inteligencia y su fuego interior. Su auto traía pegada detrás una calcomanía con la siguiente leyenda: "Mahora ahorra, Jesús invierte y ¡Osho... gasta!". Por supuesto que no vamos a ser unos inconscientes para gastar todo el dinero, pero tampoco podemos morirnos con una fortuna en el banco sin haberlo disfrutado. Otro proverbio griego nos enseña que "Todo en su justa medida". Organízate, piensa en abundancia, decreta lo que quieres para tu vida y espéralo con confianza, trabajo, inspiración y creatividad.

Felicidad, abundancia y espiritualidad son sinónimos

Me fascinan más las estrellas que los billetes... por eso soy rico.

La felicidad no la provoca el dinero, si no los ricos no se suicidarían. Igual no hay que desecharlo, claro. Lo que provoca la felicidad es un resorte interno. Ese resorte se llama entusiasmo y puede tener tres estados: resorte oxidado, resorte desconocido o resorte activo. El resorte del entusiasmo se activa con un producto especial: tus sueños. Cuando tienes un sueño, el resorte se activa a plenitud y sientes el impulso de la felicidad al vivir, sentir, ser y hacer lo que te gusta. Hemos pasado media vida pensando qué es la felicidad. La otra media hemos cuidado de no perderla. Hemos buscado el amor para toda la vida y cuando llega alguna gente lo cela, lo posee y lo limita por miedo a perderlo. Creo que si entrenamos la visión y comprendeos que estamos de paso, que estamos para maravillarnos, estamos para fascinarnos, para descubrir y explorar y marcharnos luego, todo sería menos traumático y el mundo giraría feliz por doquier. Si le preguntas a las personas cómo y qué cosas imaginan en un mundo feliz, dirán casi todas lo mismo: estar en paz, tener salud, tener bienestar, tener un trabajo que guste, ver los atardeceres, estar rodeados de gente que se ama, viajar, tener una bonita casa, etcétera. Pero, ¿hemos nacido para tener o para ser? Si la felicidad es un estado interior, hay que buscarla en el interior y dejar que desde allí se provoque la dinámica de "atraer" a la vida personal lo que necesitas para vivir, no para ser feliz. Para ser feliz lo más importante es estar sano, porque con enfermedad es mucho más difícil; es como si el termómetro estuviese bajo cero, tienes que luchar para ponerlo a temperatura ambiente. El rico no es el que tiene salud, pues has visto a gente millonaria que se encuentra enferma y lo daría todo por estar sana. La salud no tiene precio. ¿Dedicamos buena actitud y cuidados para mantenernos sanos? ¿Hacemos yoga? ¿Practicamos meditación? ¿Elegimos los mejores alimentos o comemos comida basura que engorda más y más? La salud olvidada responde a dos factores: la falta de amor por uno mismo y la ansiedad por no poder concretar algún deseo. Entonces, la comida es un escapismo y una tapadera para ocultar una frustración. Mi sugerencia es que mañana mismo te levantes de manera distinta, el cambio de actitud practícalo desde ahora: haz cosas distintas, ensaya nuevos pensamientos positivos, abundantes de vida y confianza, siente sincronía constante con la fuente y deja que la maravilla se presente a tu vida día a día. Si estás sano ya eres rico, quizá también pronto tengas más dinero.

Vivir para trabajar

¿Vas a correr todo el tiempo tras el dinero sin tener tiempo para nada o vas a disfrutar tu libertad mientras te haces rico?

La tortilla se ha cocinado de un solo lado. La marcha forzada hacia el futuro, porque la tranquilidad está en la comodidad económica. Claro, entonces si pones la meta en el futuro, te pierdes de disfrutar el camino. Cuanto más dinero tengas mucho mejor, pero no vendas tu libertad por ello. El dinero y todo lo que existe son los siervos, no los amos. Si tu trabajo, el dinero o cualquier fanatismo se instalan como un programa constante en tu mente, hará que todos los días funciones con ese programa. Estarás programado como un robot con pequeños momentos de esparcimiento y diversión. Mucha gente corre tras metas económicas que, repito, no están mal, pero de lo que no nos damos cuenta es de la importancia que el placer de esto nos puede aportar. En última instancia, todo el mundo quiere placer, poder y paz. Baja las revoluciones si vas muy estresado por el futuro o aprieta el acelerador si estás atrapado por la pereza. El punto medio es la constante que nos indica que estamos gozando lo que hacemos, porque mucha gente está tan inmersa en su circuito de trabajo que no pueden salir tan fácilmente. Cuanto más logran, más responsabilidades tienen. El resto hará que no tengas tiempo para descubrir tu origen y tu misión espiritual, que sigas como un ratón de laboratorio corriendo en la rueda que gira y gira para ver si puede atrapar el queso. Recuerda: el queso futuro siempre será cada vez más grande y apetitoso, y te hará ir por él si no te sabes enfocar en tu momento, en tu existencia personal y en la visión elevada de tu vida.

Dios es el artista más elevado

La vida no es humilde, es un fenómeno soberbio.
El universo hace apología de la abundancia.

Mucha gente está de acuerdo con que la gente más humilde es más espiritual. Basta con echar una mirada hacia los lados y verás que la creación constante (que no ha sido en sólo siete días) continúa todo el tiempo. La vida es un arte; si miramos los atardeceres, veremos cambios y tonos distintos cada día. La vida no se plagia a sí misma, se autocrea, se renueva, evoluciona. En ello no hay rastros de humildad sino de gloria. Verdaderamente la humildad es un fenómeno impuesto por imágenes y por las primeras programaciones de la Iglesia cristiana, por ejemplo. Al ver cuadros de artistas antiguos encargados por la Iglesia, verás lo que trasmiten: flagelación, humildad, falta de brillo, como si quisieran opacarte cada vez que los miras; la imagen entra al subconsciente y, tal como lo dice la palabra imagen, afecta a tu gen. Entonces, la primera programación del código genético con imágenes negativas de dolor, humildad y sufrimiento vienen de allí, ya que en Egipto antiguo, Sumeria, Grecia y la India dorada, incluso más atrás, la Atlántida, todo era esplendor, plenitud y desarrollo potencial del arte espiritual y glorioso de cada pueblo. La humildad fabricada encubre un ego que cree que logrará un paraíso donde la gloria es lo que pulula por doquier. Basta con ser simples y naturales sin engrandecer el ego. No se trata tampoco de hacer apología de la soberbia, sino de sentirnos dignos hijos co-creadores y partícipes de un festival llamado vida y de una celebración llamada existencia. Tenemos que tener en mente un mundo de seres universales y no de mendigos que ayudan a otros mendigos. Este tiene que ser un planeta de gloria y poder, no de miseria. Llegará el día que vivamos conscientes de nuestra conexión permanente con la fuente y no quede ni rastro de carencia.

Recuerda una vez más: "Pide y se os dará". Si no funciona momentáneamente esta idea, es porque o pides en el lugar equivocado o de la forma incorrecta. Puedes tenerlo todo. Cambia tu peinado, vístete bien y sal al mundo, es tuyo aunque no te pertenezca, coge impulso y disfrútalo.

Capítulo 12

REDISEÑA TU LIBERTAD

Esclavitud encubierta

El esclavo moderno es aquel que dice «no tengo tiempo» aún sin saber que su libertad la hipoteca con el sueldo que recibe.

Mucha gente piensa que es libre cuando en realidad no lo es. Conozco gente con altos puestos ganando mucho dinero pero siempre que la veo me dice que no tiene tiempo. Las personas tienen estrés, no disfrutan de los placeres, no juegan, están pendientes de la BlackBerry y la computadora. Romper la rutina es todo un pecado para ellos. Y me pregunto, ¿eso es riqueza? Creo que si una persona no tiene tiempo libre, debe saber que está viviendo en una cárcel sin que se dé cuenta. Una cárcel con cines, supermercados, discotecas, tiendas de ropa, etc. Una cárcel de la que no pueden salir porque, primero, es su propia ciudad y segundo que no se dan cuenta. Las ciudades y los trabajos a veces pueden ser como cárceles en donde tienes momentos de esparcimiento pero sin libertad para hacer tal o cual cosa. Apegados a la rutina estricta no pueden darse el lujo de ir a dar un paseo, ir al cine o ver el atardecer. Los gobiernos de turno orquestados por el gobierno secreto que está detrás manipulando las cosas han creado un mecanismo para ello, de tal forma que aunque no los veas en la escena son ellos los causantes de generar estrés y competitividad por tener y olvidar el ser. Con la propaganda constante para alcanzar un estereotipo social, el ego quiere ser alguien destacado. Cuando una persona tiene a la mano facilidades de crédito para comprar cosas, automáticamente se endeuda. Esa deuda debe ser pagada y para pagarla, tienes que trabajar en más de una actividad. Y al trabajar en más de una actividad, ¡pierdes tu tiempo libre! Mucha gente se ha convertido en esclavos con sueldo.

No entregues la libertad

El día que tomes conciencia de que no podrás hacer más nada en la Tierra cuando estés en una tumba, un nicho o cremación, ese día comenzarás a vivir al máximo.

En mi adolescencia, leí el libro de Henry Carrièrre, *Papillón*. Era la historia de un preso que fue puesto en la cárcel injustamente y pugnaba por su libertad. Papillón (que significa mariposa) había observado que escaparse de la cárcel de la Guyana francesa era casi imposible. Hasta que notó que en la séptima ola tenía opción de sobrevivir lanzándose al mar y cruzando la isla hasta el continente. Esta historia es real. Si hacemos un poco de memoria, veremos que muchas veces nosotros también nos metemos en la cárcel injustamente. En la cárcel del rencor, del apego, de la dependencia, de la ansiedad. Todas esas cárceles quitan libertad. Si cada ser humano comprende que tiene un enorme poder llamado libertad y que al utilizarlo tiene un aire de felicidad exquisito en la vida, valorará ese don como un tesoro divino.

Si tu vida está signada por las cárceles del trabajo, la fatiga, el desgano, la incertidumbre, la pereza, la depresión, el control, los celos y todos esos venenos que quitan libertad al alma, es hora de contar las olas y lanzarte a la mar.

La mar a la que se lanzó Papillón no ofrecía ninguna seguridad, sólo esperanza. Dependía de la marea (la vida misma) y su fuerza propia para poder escaparse de aquella cárcel. Así nosotros también. La vida es una gran marea, el océano de vivencias y oportunidades está abierto para todos. Si usamos el coraje y la fuerza para desprendernos de las garras que aprisionan la libertad, tendremos el nacimiento de la esperanza y la confirmación de vivir una vida en libertad.

Debemos tener claro que no somos libres cuando el trabajo ocupa más tiempo del debido o cuando sigues trabajando mentalmente en casa. No somos libres cuando una relación complica la calma y la tranquilidad. No somos libres si un apego nos nubla la visión de la vida. No somos libres si hay un rencor antiguo con un familiar o una ex pareja. Y así miles de ejemplos que quitan libertad. Por ello hay que tomar conciencia si vives este tipo de situación, para saber que... ¡tienes que lanzarte a la mar de la aventura! ¡Cortar los lazos de todo lo que te trae problemas con tu libertad!

Puedes hacer una lista de cuáles son las personas, las situaciones o los hábitos que te impiden lanzarte a vivir en libertad: ¿una relación absorbente? ¿Un trabajo demasiado exigente? ¿Una pena antigua? ¿Una soledad dolorosa? ¿Cuáles son las olas turbulentas que no te dejan escapar? Tómate tiempo para contarlas y ve cómo puedes cortar esos obstáculos.

Siempre la gota teme cuando está por caer de la hoja que la sostiene hacia el mar que está debajo. Cuando te desprendas de lo que te está aprisionando, sabrás que una vez que te asocias al océano de la vida, tu forma antigua de gota limitada se desvanece para tomar una mucho más grande, casi siempre inimaginable.

Recuerda que la libertad siempre vence. Aquella cárcel considerada la más segura y fuerte del mundo, donde ningún preso podría escaparse, fue cerrada tras la escapatoria de Papillón. Una vez más la libertad pesó más que el cerrojo.

Libertad es poder

Hay una gran diferencia entre la libertad de
expresión y la expresión de la libertad.

Vivimos en un mundo en el que, en algunas ciudades, está prohibido expresarse abiertamente. Nos expresamos por *mails*, *sms*, textos, libros, *post*, carteles, manifestaciones y demás. Antiguamente eso no se podía hacer por no contar con la tecnología y por la represión de los gobiernos y religiones de turno. Aunque expresar la libertad de opinión no es lo mismo que la soltura de la libertad de tu alma. Ser libre significa no estar mentalmente atado a nada. Estar en el estado donde podemos fluir con la vida, sin apegarnos ni detenernos. El miedo humedece la libertad. Las creencias atrofian la libertad. La libertad surge cuando aplicamos ese sentimiento que viene desde nuestro interior producto de la meditación, las vivencias y el estado de conciencia individual de cada uno. Ser libre es orientarse a disfrutar, a sentir y a abrirse al cambio. Ser libre es tener a la divinidad de socia de tu vida, de abrir las puertas de la mente a las posibilidades múltiples. Hoy la física cuántica ya comprueba que hay muchas realidades y posibilidades latentes. Algo que los antiguos metafísicos y místicos siempre supieron en el pasado. Depende de tu elección. Elige con libertad y exprésala en todo lo que hagas sin importar parecer algo que no eres. La libertad y la expresión son sinónimos.

Vive sin fronteras mentales

El hombre es el único ser migratorio que tiene que mostrar un papel para pasar las ilusorias fronteras entre un país a otro... Los demás animales no lo necesitan.

Cada vez que entro a Estados Unidos me preguntan la causa del viaje. Me observan detenidamente de arriba abajo como si lo que yo dijera fuese una garantía. A veces digo que voy a promocionar un libro, otras que voy de vacaciones. Cuando digo que estaré dos meses, me preguntan con mal genio: "¿Cuál es su trabajo?". Al responder que soy escritor se quedan sin argumento. En Argentina, la gente te observa como si fueras terrorista o con algo de abuso de poder. Sin saber que los místicos libres la bomba la llevamos en el corazón, en la lengua y en la mente. Hemos puesto trabas para todo. Somos los únicos habitantes de la Tierra que se han autoencarcelado con leyes y normas. Tenemos fronteras mentales, divisiones. Ha sido así porque a los gobiernos les conviene que la gente esté dividida, separada y con rivalidades. No les conviene una sola humanidad llena de luz y conectada al cosmos, ya que el universo sería el soberano y no los gobernantes. Está próximo el día en que todo el mundo se sienta parte de lo que es, una gran unidad flotante, moviéndose a lo largo de las edades. Un conjunto de individuos de diferente tamaño, estatura, color y costumbres que enriquecen la unidad. Recuerda: las aves migran de un lado a otro, se posan en las ramas de los árboles y no pagan impuestos ni muestran ninguna credencial; lo hacen porque han sido invitadas a este mundo como un regalo. Los animales pasan las fronteras con pase VIP libre para todos lados, el único que tiene que mostrar credencial y pasaporte es el hombre.

La patria es un invento

Cuando haya una guerra no debería ir nadie.
Debería luchar el presidente de cada país entre
ellos, A quince rounds, pero no los soldados.

No debería haber ningún ejército ni frontera. La tierra no tiene dueños. Todo es prestado y pasajero. Ninguna guerra ni veterano causa orgullo sino vergüenza. Homo sapiens significa hombre sabio. Y ¿qué hombre sabio se pelearía con su propio hermano? Los gobiernos crean guerras porque significa dinero para ellos, juegan a los soldaditos. No hay tal cosa como "el enemigo", eso lo fabrican ellos para vender armas, generar posesiones, petróleo, etc. Estamos entrando en un tiempo de unidad donde nos reconoceremos como iguales, como otro yo. Entonces será imposible agredir al otro porque será una autoagresión. Estamos a punto de entrar en un tiempo de paz y armonía. Proyéctate hacia eso, siente que eres nacido en el cosmos, que el universo es tu hogar y que está de tu lado.

El descubrimiento es desvelar la unidad de todas las cosas en cada persona, por ello el juego de las diferentes razas, estaturas y formas. Aunque imagina un mundo de personas iguales: el mismo pelo, la misma cara, las mismas facciones, el mismo color de piel... Sería aburridísimo. Entonces entendamos que en la multiplicidad se encuentra la unidad. El trabajo interior de cada uno es ver el uno dentro de los muchos. Uno debe repetirse: "no pertenezco a ninguna patria". Únicamente a las estrellas. No hago nada por protocolo, lo que me da placer lo hago y lo que no me da placer no lo hago.

No rindas cuentas

Practica una libertad de veinticuatro horas.

No permitas que el coche de tu vida lo conduzcan otros. No seas espectador sino el protagonista. Cuando haya gente que quiera conducirte por rutas que no son las tuyas, diles tu recorrido, haz que lo entiendan; si no, aléjate.

Mucha gente tiene miedo a su libertad, a no poder sobrevivir económicamente y a no conseguir pareja. Con ese miedo fabrican su vida generando dependencia, ya sea de un trabajo, de una persona o de una relación. ¡La divinidad está adentro de cada uno! ¡Y si quieres pedir un trabajo, una pareja o un cambio, el universo te lo aporta! Pero necesitamos sentirnos libres y conscientes de que hay poder dentro de nosotros, que hay magia flotando en el ambiente. Hay gente que para entrar y salir de la casa va diciendo dónde va y de dónde viene; hazlo sin avisar a nadie, siente la plenitud de gozar y gobernar tu vida. Vive cada día de forma distinta, no dejes que la rutina se adhiera al día a día.

Ser un sinvergüenza

*Para ser libre hacen falta dos cosas: manejar tu propio
tiempo y no tener ninguna deuda pendiente.*

La vergüenza es un invento de algunas religiones para controlar
y censurar ciertas partes del cuerpo y actitudes del ser humano.
Por ejemplo, ¿cómo podemos tener vergüenza de los pechos femeninos? De ellos proviene el segundo alimento del ser humano,
después de la respiración, ¿no deberíamos rendirle tributo? En la
Grecia antigua, concretamente los minoicos en Creta y Santorini,
durante sus festividades las mujeres lucían vestidos hermosos en
los que su escote dejaba a la luz los pechos en señal de veneración
al poder femenino, a la mujer, a la madre y a la vida. ¿No sería
el fin de la pornografía? Porque nadie compra revistas de manos
y pies o de orejas porque las ve todo el tiempo, a la gente le interesa consumir lo que no ve. También hay vergüenza de cantar
o de bailar o de expresarse de un modo u otro. Esa vergüenza es
un freno para el alma, porque el alma quiere expresar el brillo
que tiene dentro de una forma u otra. Para alejar la vergüenza de
la vida hay que danzar desnudos en la soledad de tu casa, jugar
con tu pareja desnudos untando el cuerpo de aceite, dejar que las
técnicas respiratorias potencien los chakras, la psique y la energía
personal, porque sólo se pierde la vergüenza cuando se activa el
poder.

Mucha gente se endeuda y pierde la libertad de vivir. La vida
se convierte en una carrera para pagar las deudas. Eso es esclavitud, porque no tendrás tiempo para nada.

Yo sé que dentro de mi alma en libertad retumban las siguientes palabras: "Soy impredecible, no estoy sujeto a nada, no creo
en la seguridad, no me apego a ninguna institución, disfruto la
libertad, ejecuto la rebelión a todo lo que atente contra la felicidad, practico la espiritualidad activa, incentivo a que las personas
sean librepensadoras, indomables y agradecidas. Me apoyo en las

vivencias, en la inteligencia en acción, en el entusiasmo, y en el poder infinito de la conciencia que soy y que nunca muere".

Amor propio vs. narcisismo

La diferencia entre el narcisismo egoísta y el amor propio consciente es que el narcisista quiere todo sólo para él y el amor propio consciente quiere todo para él, para luego compartirlo con todo el mundo.

Alabamos la humildad y alabamos la caridad. Justamente eso es lo que ha creado un mundo insensible y lleno de egoísmo y narcisismo, porque se es humilde y generoso sólo con los pobres. Los ricos necesitan de los humildes y de los pobres. Una persona no tiene que cultivar la humildad porque eso sería egocéntrico. Uno es humilde naturalmente o no lo es, una persona puede ser humilde pero también puede tener una autoestima elevada, con poder y firmeza. La idea es que la Tierra sea un sitio de gente poderosa y no de pobres, miserables y en crisis, como lo ha venido siendo hasta el día de hoy. Necesitamos gente poderosa con amor, ricos en conciencia y en inteligencia, pero sin perder la sensibilidad. El amor propio necesita que cada persona se ame a sí misma, se cuide, piense en su bienestar primero antes que en el de los demás, porque sólo estando bien podemos compartir eso; si una persona se siente en conflicto y la otra también, ninguna podrá ayudar a nadie, simularán y será mal de muchos, consuelo de tontos. No es acumular todo para el ego, es descubrir la abundancia del alma para compartirla. Un narcisista acumula todo para él porque no sabe que al dar recibe, y todo lo que no se comparte se pierde. La vida no tiene almacenes de supervivencia, genera mucho y comparte mucho, la vida es soberbia, majestuosa desde los árboles y montañas más excelsos, a las briznas de hierba más suaves y delicadas. Nadie acusa a Dios de derrochador por tener tantas habitaciones en el universo, porque la abundancia es infinita. Pero en nuestra mente, espiritualidad y abundancia no son sinónimos. Aunque en breve comenzarán a serlo porque lo divino es infinito, abundante, generoso y magno. Tal como es arriba es abajo, por lo que vive como un rey y comparte tu riqueza amorosa, tu buen humor, tu ingenio, tu vitalidad, todo lo que quieras porque te reciclas más y más cuando no temes perder lo que eres. El narcisista acumula para sí mismo por temor a perder lo que tiene y por vanidad. Si descubres que la ley de la abundancia está en ti y si la ejecutas, nada estará perdido, sino compartido para florecer nuevamente con más riqueza. El universo se expande con frecuencia, hagamos del alma personal lo mismo. Expándete porque no hay ninguna línea que diga "hasta aquí llegó tu amor". Todo es infinito y poderoso, sólo los chamanes o aborígenes que tienen poder pueden dejar de ser mendigos, aunque no cuenten con dinero, tienen poder. Conviértete en el propio chamán de tu vida.

Pirámide de riqueza: amor, inteligencia y libertad

Hay dos obligaciones del ser humano: amar
con inteligencia y defender su libertad.

Cuanto más amas, más libre eres. Cuanto más libre, más inteligente. Cuanto más inteligente, más consciente de por qué estás aquí. Somos *Homo sapiens*, lo cual significa hombre sabio y la sabiduría en este tiempo es darnos cuenta de que podemos ser sabios cuando elegimos evolucionar en algo más elevado, podemos saltar al homo universal en poco tiempo con un acontecimiento galáctico de gran magnitud. El año 2012 significa esperanza, posibilidad de transformación, mutación, porque como *Homo sapiens* no hemos hecho todas las cosas bien, muchas guerras, mucho conflicto, muchas religiones jalando las vestiduras de un dios invisible mientras el Dios verdadero mira con compasión cómo los tuertos quieren conducir a los ciegos. Pero si esto es simple: amar, confiar y crear arte con tu vida. Si todo el mundo lo hace el sistema se sana; pero no amamos sino que poseemos; no confiamos sino que especulamos y no creamos en todos los casos sino que copiamos. Entonces, la originalidad de cada uno se pierde, porque originalidad es expresar la capacidad divina individualmente. Lo único que se nos pide es que amemos al prójimo como a nosotros mismos, porque todos somos uno en diferentes envases. Al vernos así, podemos en conjunto impulsarnos hacia el homo universal, un ser que conoce su origen, que ama en libertad, que usa el ADN en su totalidad y que conoce a sus hermanos mayores de otros confines del universo. La ilusión terminará pronto, ya que mucha gente sabe que viene un cambio poderoso que esperamos con celebración y no con miedo como lo hace el gobierno secreto desde el cine, la desinformación y las manipulaciones publicitarias que quiere difundir. El miedo genera más miedo. El miedo como corriente vibratoria puede impedir el avance hacia lo superior. Mantén tu libertad, libera tu cabeza de publicidad manipulada y de creencias antinaturales. ¿Que el 2012 es el fin del mundo? ¿Las olas gigantes que arrasan el planeta? Piensa por un momento: es muy difícil terminar con un planeta así como así, por más grande que sea la ola. No hay posibilidad de destruir la Tierra ni ningún planeta; además, si lo que nos espera fuese la muerte colectiva, qué mejor morirse con mucha gente y no solo inevitablemente. Nada de eso ocurrirá porque la palabra Apocalipsis viene del griego *Apokálypsis*, que significa "lo que será revelado". Es totalmente distinto revelar el verdadero origen y la finalización de la mentira a terminar el mundo. Terminará el mundo de la mentira, la corrupción y la ilusión para dar paso a la verdadera realidad. Eso terminará y hay que festejarlo. Imagina el momento en que la gente descubra que hay más vida en este planeta, que estamos protegidos, que somos creación de una divinidad inteligente y que encima ¡no morimos nunca sino que cambiamos de forma!

Recuérdalo bien: no eres una hormiga sino un águila. Pero... a los buitres les gusta hacértelo olvidar, porque la hormiga es controlable y pequeña, a ella la puedes pisotear. En cambio, si eres un águila, lo ves todo claro desde las alturas. Tú eres un águila, quien te diga que tienes que ser como una hormiga es un buitre encubierto que quiere controlarte para que trabajes para él o para ponerte el pie encima.

Capítulo 13

Acción con conciencia

*Quien no lucha por lo que quiere, está
destinado a aceptar lo que le den.*

Los corazones humanos con su complejo mundo emocional han
sufrido tanto, han sido lastimados, han sido censurados y engaña-
dos. Traicionar el corazón con sus sentimientos, emociones, amo-
res y afectos es ir en contra de la vida, porque la vida es un gran
corazón, una flor que se abre, un amanecer dorado que se recicla.
Mucha gente que ha amado y sufrido, no quiere volver a hacerlo
por miedo a que le suceda lo mismo. ¿Cómo puedes reparar un
corazón roto? En primer lugar, aceptando que no está roto, sino
herido. Las heridas sanan. La sanación es la alimentación de nueva
energía en donde está carente y con el mismo corazón tienes que
subir la energía, generar un cambio. Todo es una alquimia, una
transformación, pero no sucede mágicamente; tienes que obrar,
actuar, modificar aspectos y enfoques. El sufrimiento es un gran
maestro, pero sujétalo en tu puño durante la enseñanza, y luego,
un día, lo abres para que vuele como un pájaro. Muchas veces la
culpa impide que el corazón se sane. Si no la sueltas, no sanará.
Soltar todas las amarras que sostienen tu corazón en el puerto del
sufrimiento para que naveguen las aguas del cambio, de las nuevas emociones, hacia nuevos horizontes. Un profundo ejercicio
que aprendí de Alejandro Jodorowski, el creador de la psicoma-
gia, consiste en tomar una bolsa e ir a un sitio natural a buscar
piedras. Cada piedra simbolizará algo que quieres que salga de tu
vida, puede ser un aspecto negativo como los celos, la envidia, el

rencor, una mala relación, etcétera. De acuerdo con lo que pese en tu interior esas emociones eliges piedras más livianas o más pesadas. Llena la bolsa con las piedras que te hagan falta. Luego carga la bolsa durante un día seguido. Ve al baño con la bolsa, a trabajar, a hacer las compras, a todos lados... ¡Para tomar conciencia de que eso es lo que cargas dentro! Se te pondrá duro el hombro, sudarás, maldecirás, estarás con incomodidad, pero no la sueltes, no la dejes. Al otro día ve a un sitio natural y arroja lejos una a una, si puedes gritar mejor. Concientízate de que estás sacando esos aspectos de dentro de ti. Te liberas.

Aprende de experiencias del pasado

El pasado es un maestro para disfrutar el presente.

Una persona puede estar condicionada por las malas experiencias del pasado que le pesan en la memoria. ¿Apostaste todo y no has logrado lo que querías? El buscador espiritual, el iniciado consciente, sabe que el sitio donde uno se encuentra es el aquí y ahora. Si no te gusta tu presente, puedes cambiarlo. ¿No estás a gusto con un trabajo? Cambia de actitud frente a él o cambia de trabajo. ¿No tienes comodidad y felicidad en una relación? Cambia de enfoque o de pareja. No podemos dejar que las anclas de la rutina o el miedo nos paralicen. Eso equivale a estar ya muerto, humedecer los sueños.

El pasado trae experiencias que tenemos que saber canalizar para que en el presente nos ayuden con sabiduría y no con dolores pasados. ¿Hasta cuándo una persona irá por la vida con un peso psicoemocional en el alma? Es tiempo de ser ligeros, pues vienen cambios poderosos. Viene una renovación, una transformación a todos los niveles, hay que estar preparados.

Las personas que se apegan a dolores pasados pierden la capacidad de sonreír, de jugar y de abrirse. En cambio, se cierran emocionalmente, son puro caparazón. Ese molde debe ser roto y nacer de nuevo. Las experiencias dolorosas del pasado y estar con las manos vacías a pesar de que pusiste esmero, nos indica que no es el lugar ni la persona dónde buscar. Cambia de rumbo, sé valiente y busca nuevos paisajes.

En soledad o con la misma compañía, eso lo decide cada uno desde la libertad, sabiduría e intuición. Hay que dejar atrás cualquier energía de emoción de tristeza o depresión.

¿Qué vas a ser el día de mañana?

La vida es para hoy, no para mañana, de nuestra alma
somos dueños, del coraje, del amor y de los sueños.

La ansiedad por el futuro y por ser una persona respetable el día de mañana causa la primera desconexión del momento presente. Cuando le preguntan equivocadamente a un niño pequeño, "¿Qué vas a ser cuando seas grande?", él debería responder con aplomo y sabiduría: "Ya soy y seguiré siendo feliz. Veré la vida como un juego y experimentaré lo que me haga crecer. Ah, y de paso, también me buscaré un buen trabajo que me siga dando libertad, si es eso lo que te preocupa". Hay muchas posibilidades latentes, por fortuna están naciendo nuevos niños con un ADN más activo, los niños índigo y cristal. Ellos saben que el cielo es un estado interior en el presente y que la eternidad es constante, una abertura infinita de gozo y luz. Tu cielo personal puede agigantarse porque es tu propia conciencia, está dentro de ti como una bomba de éxtasis que puede explotar en cualquier momento, y cuando esto sucede.... ¡La iluminación! A eso se debe que haya mucha gente en los caminos espirituales, extrañamos el hogar cósmico de donde surgimos y cuando la conciencia se amplía y se hace una con el todo, sucede el descubrimiento de que dentro tenemos todo el universo, dentro está lo divino, el cielo. Hay tantas nubes mentales que soltar, tantas tormentas que atravesar hasta que ese cielo limpio e infinito se manifieste en nuestro ser. Muchas veces no sabemos que avanzaremos, de la misma forma que una flecha va hacia atrás y se tensa más y más, con la otra mano tenemos el arco firme sobre la mano y sólo cuando la soltamos la flecha puede salir disparada, puede viajar al objetivo y dejar atrás la tensión anterior. Lo que sueltas es el sufrimiento y el objetivo, tu centro interior.

La parte positiva de los problemas

Un problema no es un obstáculo en la escalera
de la vida, sino un escalón para crecer.

En toda búsqueda personal hay riesgos. Para rediseñar tu vida, sal de tu misma ruta y ve hacia todas las alternativas que están abiertas. Puedes ver el día de diferentes maneras, tu actitud es la que lo cambia. Lo mismo en el rediseño es en la vida diaria, momento a momento. Hay infinidad de opciones, de caminos, de elecciones. Hay momentos que la vida te lleva hacia situaciones conflictivas que pueden mermar tu voluntad o pueden herir tu corazón. Si te encuentras siendo llevado por esa energía, es importante que tomes conciencia de que necesitas salir de eso rápidamente; esas fuerzas emocionales te darán golpes que podrían desestabilizar tu mente. Muchas veces nos empeñamos en seguir navegando en esas situaciones y darnos una y otra vez con los problemas emocionales, sin saber o sin poder recuperar el control sobre la vida personal. Recuerda que con un giro puedes ir en otra dirección, la elección es tuya. El que suelta un problema es el que gana un estado interior nuevo.

Limpiar las emociones antiguas

Toda etapa de la vida tiene algo oscuro pero también
un resultado de claridad y limpieza excepcional.

Detrás de cada nube negra hay agua clara y trasparente. Detrás de toda destrucción está latente la construcción. De hecho, hay una triple ley de vida que se conforma en destruir, crear y conservar. Estos tres vértices son una ley de vida. Destruyes un viejo edificio para crear algo nuevo y mejor; luego, conservarlo. Pasado un tiempo de conservación, tienes que hacer lo mismo. Modificar la evolución. De la misma forma, en las relaciones muchas veces algo se destruye para que nazca algo nuevo. Por ejemplo, una oruga tiene que pasar instintivamente toda una tormenta antes de descubrir que es una mariposa. Para un pescador que navega con ímpetu en la mar de la vida, cada tormenta tiene oculta la lección de sabiduría. Las tormentas barren con todo, son fuertes y tienen poder. Sin ese poder de movilización, las tormentas emocionales no sacudirían de la pereza a la gente que se contenta con un matrimonio sin amor, con un trabajo sin pasión, con un destino postergado, con un corazón hipotecado. Si la vida crea una tormenta es para sacudirte del sueño conformista. La tormenta es una aliada, una depuradora que limpia y purifica las emociones.

Respira hondo, busca la claridad, conéctate con tu fuerza propia y atraviesa los problemas con inteligencia, clase y sabiduría.

Encuentra tu propia belleza

La belleza es la condición de la existencia. Para cualquier
lado que mires en esta galaxia o en otras hay belleza, lo único
que la belleza pide es que la admires y no la destruyas.

Cuando una persona vive su vida de manera superficial: trabajo, casa, ropa, bar, diversión, se pierde la posibilidad de conocer el potencial que está dentro de ella. Esa vida no está mal, pero no vinimos a este planeta sólo a eso. Nuestro destino es más grande. Tenemos una misión personal, una consigna, un trabajo para colaborar con la gran sinfonía cósmica. Somos portadores de luz, pescadores de vivencias, marinos en un mar de eternidad, navegantes de destinos imprevisibles.

Hay muchas oportunidades de iluminarnos internamente y de alcanzar plenitud personal. Bucea en tu interior, medita, siéntete presente en la respiración, descubre tus tesoros ocultos en las profundidades de tu ser. La belleza no está en el espejo sino en las pupilas del observador.

Deja que la belleza sea una adicción, busca la excelencia, los detalles, el buen gusto para todo lo que hagas, de esta forma elevarás tu vida y tendrás más clase, estilo y deleite.

Disfruta el presente

El presente es la eternidad moviéndose todo el tiempo.

Para todo niño, caminar descalzo por la playa es una gloria en sí misma. De mayores también lo realizamos, pero quizá con más condicionamientos. Ocultas la barriga, miras el cuerpo del otro, te avergüenzas de ciertas partes del cuerpo o exhibes tu cuerpo de gimnasio con orgullo y prepotencia. Cuando somos niños, es la mar y nosotros, el cielo y las ilusiones, las olas y los sueños, el aire y la risa, todo se conjuga en un mundo de sensaciones que nos hacen sentir que la vida es un juego, que somos felices. ¿Por qué perdemos esta divina cualidad? ¿Por qué creemos que ser adultos equivale a ser serio, preocupado, estresado de trabajo? ¿Por qué nos alejamos del presente con hambre de un hipotético futuro?

Cuando somos niños, caminar es caminar, jugar es jugar, el presente es aquí y ahora en nuestra conciencia. De adultos, muchas veces estamos en la playa o en cualquier sitio y estamos pensando qué haremos luego. La capacidad de sentir el presente y disfrutarlo para captar por completo el momento. Todo niño es un maestro, llora cuando algo no le gusta, se ríe de buena gana cuando hace gracia. Expresa plenamente lo que siente. Conforme pasan los años, las protecciones y los zapatos ceñidos que nos colocamos nos coartan el contacto con la tierra, con la belleza, con la capacidad de sentir el ahora. Si vivimos para disfrutar, comprenderemos el sentido de la vida. Vivenciar, sentir, gozar; ¿no es acaso una elección personal?

Así como las partículas en un vaso de agua sucia se posan en el fondo cuando dejamos de agitar el vaso y el agua se vuelve trasparente, del mismo modo los pensamientos de pasado y futuro caen cuando la mente no está agitada y la conciencia se aclara.

Si entendemos que hemos venido a disfrutar, evolucionar y crecer y no a sufrir, tendremos la libertad de disfrutar el momento con plena conciencia.

Los mayas y el tiempo

El esclavo moderno es aquel que dice «no tengo tiempo» aun sin saber que su libertad la hipoteca con el sueldo que recibe.

Estamos en un gran giro cíclico hacia la libertad. Cada veintiséis mil años nuestro sistema solar se alinea con el centro de la vía láctea y eso sucederá a partir del 2012, de acuerdo con los mayas. Mira la foto donde está el sol, las estrellas, la inmensidad... Entonces, ¿dónde quedan tus problemas domésticos? Me gustaría compartir un resumen de lo que la séptima profecía de los mayas augura con el cambio y alineación planetaria. Dijeron que el mundo de odio y materialismo terminará el sábado 22 de diciembre del año 2012 y con ello el final del miedo; en este día la humanidad tendrá que escoger entre desparecer como especie pensante que amenaza con destruir el planeta o evolucionar hacia la integración armónica con todo el universo, comprendiendo y tomando conciencia de que todo esta vivo y de que somos parte de ese todo, que podemos existir en una nueva era de luz.

La primera profecía nos dice que a partir de 1999 nos quedan trece años para realizar los cambios de conciencia y actitud para desviarnos del camino de destrucción por el que avanzamos, hacia uno que abra nuestra conciencia y nuestra mente para integrarnos con todo lo que existe. Los mayas sabían que nuestro sol es un ser vivo que respira y que cada cierto tiempo se sincroniza con el enorme organismo en el que existe, que al recibir un chispazo de luz del centro de la galaxia brilla más intensamente, produciendo en la superficie lo que nuestros científicos llaman erupciones solares y cambios magnéticos. Ellos dicen que esto sucede cada 5125 años y que la Tierra se ve afectada por los cambios en el sol mediante un desplazamiento de su eje de rotación; también predijeron que a partir de ese movimiento se producirían grandes cataclismos. Para los mayas, los procesos universales como la respiración de la galaxia son cíclicos y nunca cambian, lo que cambia es la conciencia del hombre que pasa a través de ellos, siempre en un proceso a la perfección (recordemos el mensaje de Jesús en la Biblia: "Sed perfectos como lo es su Padre en el reino de los cielos").

Los mayas predijeron que el sábado 22 de diciembre del 2012 el Sol al recibir un fuerte rayo sincronizador proveniente del centro de la galaxia cambiará su polarización y producirá una gigantesca llamarada radiante.

La energía del rayo transmitido desde el centro de la galaxia activará el código genético de origen divino en los hombres que estén en una frecuencia de vibración alta; este sentido ampliará la convivencia de todos los hombres y generará una nueva realidad individual, colectiva y universal. Una de las transformaciones más grandes ocurrirá a nivel planetario, pues todos los hombres, conectados entre sí como un sólo todo, darán nacimiento a un nuevo ser en el orden genético. La reintegración de las conciencias individuales de millones de seres humanos despertará una nueva conciencia en la que todos comprenderán que son parte de un mismo organismo gigantesco. La capacidad de leer el pensamiento entre los hombres revolucionará totalmente la civilización, desaparecerán todos los límites, terminará la mentira para siempre porque nadie podrá ocultar nada, comenzará una época de transparencia y de luz que no podrá ser opacada por ninguna violencia o emoción negativa, desaparecerán las leyes y los controles externos como la policía y el ejército, pues cada ser se hará responsable de sus actos y no habrá que implementar un derecho o deber por la fuerza.

Gobiérnate a ti mismo

Mucha gente confía más en sus gobernantes que en ellos mismos y votan por ellos porque no se votan a sí mismos como emperadores de su propia existencia.

Dijeron los mayas que se conformará un gobierno mundial y armónico con los seres más sabios del planeta. No existirán fronteras ni nacionalidades, terminarán los límites impuestos por la propiedad privada y no se necesitará el dinero como medio de intercambio; se implementarán tecnologías para manejar la luz y la energía, con ellas se transformará la materia produciendo nuestras necesidades y eliminando la carencia. La excelencia y el desarrollo espiritual serán el resultado de hombres en armonía que realizan las actividades con las que vibran más alto y que al hacerlo expanden su nivel de comprensión sobre el orden universal. A partir de la comunicación mediante el pensamiento, aparecerá un supersistema inmunológico que eliminará las vibraciones bajas del miedo producidas por las enfermedades, prolongando la vida de los hombres. La nueva era no necesitará del aprendizaje del contraste inverso producido por las enfermedades y el sufrimiento que caracterizaron miles de años de historia.

Por ello, la humanidad deberá estar preparada para atravesar la puerta dimensional que nos dejaron los mayas, deberá transformar la civilización actual basada en el miedo en una vibración mucho más alta de armonía. Sólo de manera individual se puede atravesar la puerta que permite evitar el gran cataclismo que sufrirá el planeta, para dar comienzo a una nueva era, en un nuevo ciclo del Sol.

Prepara tu cuerpo energético, gobierna tus emociones y cultiva todas las emociones que te eleven. Sé fiel a tu meditación y un día te darás cuenta de que quien está sentado en tu cojín de meditación es tu propio maestro.

Capítulo 14

REDISEÑA TU TIEMPO

Descubre lo no conocido

Yo tengo tiempo, el tiempo no me tiene a mí.

No hemos nacido para perder tiempo sino para descubrir lo infinito dentro de nosotros. La mayoría de la gente que conozco siempre dice "no tengo tiempo". El tiempo se ha convertido en un impedimento para hacer cosas. El ser humano actual se halla dentro de una gran programación a la cual está sujeto. Es una esclavitud actualizada, modernizada y pasa desapercibida, porque la mayoría de la gente camina libre por la calle para ir rápido a algún lado porque no tiene tiempo. En principio, hay que saber que el tiempo no existe. El tiempo es una creación humana. Los budas e iluminados dicen que cuando uno se ilumina se da cuenta de que todo es eterno, que nada tiene tiempo, que el alma está más allá del tiempo. Todos los fenómenos van cambiando: se envejece, se cambia de ciclos, etc., y esto muestra un paso del tiempo que en sí mismo no tiene consistencia para el alma que siempre está viva. El tiempo pertenece a la mente. La mente está abarrotada de actividades y, claro, lo primordial queda para lo último, para la noche cuando uno está totalmente cansado.

Actualmente, el principal problema del ser humano es la hipertensión arterial y el estrés. La causa de ambos es vivir con el reloj en la mente, con una bomba de tiempo a punto de estallar. Hay que comprender que la Vida con mayúscula está fuera del reloj, que el tiempo es una creación del hombre y ahora la criatura está ingobernable. El tiempo es un fenómeno relativo, ya que no puedes captar lo absoluto pendiente del tiempo. La mente salta continuamente del pasado al futuro, sin disfrutar el presente, el obsequio. Los místicos dicen que la fuente de todas las cosas, la realidad, se percibe cuando la mente entra en silencio y podemos estar en un estado de meditación. Las cosas que podemos hacer meditativamente no las hacemos porque la mente está programada y la conciencia adormecida, lo cual es grave para nuestra felicidad porque la felicidad no está en la mente, sino en el corazón, en el bienestar emocional. La mente fabrica excusas porque si no atiendes a la mente, no la alimentas, y deja de tener fuerza. Por ejemplo, si alguien se levanta apurado, desayuna apurado, conduce apurado y tenso porque llega tarde al trabajo, trabaja todo el día, come apurado porque tiene poco tiempo y el tiempo que tiene fuma un cigarrillo como si el tabaco le diera un microespacio-tiempo de relajación, luego vuelve a trabajar y, por último, va al bar, llega a su casa con cansancio, o bien, cena por allí, o ve a los hijos... Esto no es vida, es una programación como un robot. La gente me dice: ¿y qué hago, no voy al trabajo? El problema no es lo que uno hace sino cómo lo hace. ¿Cuál es la actitud? No disfrutamos, por eso la gente está tan enojada en el fondo. Se trabaja para pagar una hipoteca, un coche, un préstamo. Esto genera una disociación: por un lado tienes la casa, pero por el otro la tensión de saber que tendrás que trabajar toda tu vida para pagarla y que no puedes escaparte de allí. A cambio de un trozo de tierra has hipotecado el corazón. De lo que se trata es de disfrutar. Entonces, disfruta caminando, disfruta cuando comes, disfruta cuando sales de casa y la brisa de la mañana inunda con aire puro los pulmones, disfruta con tu trabajo y hazlo con la conciencia de que colaboras para que el trabajo universal se manifieste; disfruta con tus hijos, con tu pareja, con tus amigos; disfruta tomando el sol, masticando el alimento; disfruta al ducharte, siente el agua como un bálsamo.

El reloj te recuerda la muerte

Las agujas del reloj no van sólo hacia la derecha.
Inevitablemente, también van hacia la muerte. Como Cronos,
que todo lo devora. Entonces, sabiendo esto, aprovecha
el día y vive intensamente, sin lastres del pasado.

El período de vida sobre la Tierra es pequeño comparado con otros. Hace tres millones de años había gente en el planeta y hoy no quedan casi rastros. ¿Qué sucederá y dónde estarás dentro de doscientos años? El miedo a la muerte se evapora cuando tomas conciencia de ella y no la ocultas debajo de la alfombra de la inconsciencia. Vamos a morir, sí, ¡pero primero vamos a vivir! Entonces, si tomas conciencia de esto, te obliga a vivir conscientemente en tu expresión total.

No corras y vive a tu ritmo para disfrutar con plenitud. La muerte es un fenómeno de transformación y te incita a aprovechar el tiempo que tenemos aquí. Pero... ¿qué pasaría si sacamos de la escena al tiempo y a la muerte? ¿Qué pasaría si el tiempo y la muerte no existieran? Si nos diésemos cuenta de que ni morimos ni hay tiempo, sino de que somos eternos y que todo lo creado no acabará nunca jamás. ¿Qué deleite, verdad? Es una gran posibilidad que así sea. Entonces, no te aflijas por lo que has perdido ni pienses con estrechez mental. El universo es infinito y cuando la mente se expande como conciencia ilimitada atemporal descubre que hay vida luego, que eso que llamamos "yo" es una conciencia dentro de un cuerpo temporal que irá cambiando... ¿Para qué? ¡Para no aburrirse! Porque es divertido ir viviendo en distintos cuerpos y en distintas situaciones, ¿qué hace que sea eterno? ¡El cambio! El cambio constante es lo que divierte a la eternidad, porque ¿de qué sirve ser eterno si no cambias nunca? ¡Sería aburrido estar siempre en el mismo cuerpo!

¿No sería que en la biblioteca de Alejandría y en los códices mayas estaba escrita toda esta información y por eso fueron quemados?

Antes del tiempo

No se puede destruir lo que se recrea constantemente.

Nuestro origen es el éxtasis, la explosión cósmica orgásmica. Somos hijos del gran placer universal de la creación a nivel macrocósmico y del pequeño placer de nuestros padres, a nivel microcósmico. Deberíamos vivir en éxtasis constante si hubiésemos entendido que la tierra es un regalo, y la vida un presente, un obsequio. Pero en pos del futuro o los apegos del pasado, nos vamos perdiendo el regalo divino. Cuando la meditación activa la energía y la conciencia, ésta fluye desde el sistema nervioso a los chakras, de la piel al alma. Entonces, las expresiones externas como el brillo en los ojos, la expansión de tu aura, la creación de tu cuerpo de luz por medio de la activación del ADN, la nueva visión, la confianza y la plenitud espiritual, serán una manifestación del fuego en el corazón. Si sentimos el alma llena de entusiasmo, conexión, placer, plenitud provocará tu éxtasis espiritual y emocional. Si observas los ojos de la gente, verás cómo está su interior; si detenidamente ves sus expresiones físicas efectuarás una lectura de su cuerpo. El cuerpo en éxtasis y paz tiene mucha energía, pero no gesticula como un mono, sino que está en plenitud, un solo gesto suave puede mover una emoción, una mano puede despertar la sensibilidad, una mirada puede provocar una bella emoción y los ojos cerrados llevarte a tu paraíso interior.

Vive en sincronicidad

Esperar el amor para toda la vida es como esperar al Mesías. Incluso hay colectividades de gente que esperan más de cinco mil años y no llega nada.

Hay una Realidad con mayúscula y una con minúscula: tu propia realidad. La Realidad es que el presente eterno está disponible en todo momento, la vida fluye. Tu realidad personal, en cambio, tiene creencias, hábitos, tabúes, mañas, apegos, deseos, inquietudes, emociones, máscaras, corazas, pensamientos, ideas, condicionamientos del ego. La Realidad superior está desnuda, desprovista de límites. Para asociarnos con la Realidad desde nuestra realidad personal, lo hacemos mediante el silenciamiento de la mente, con meditación y la observación de nuestra vida. Esa Realidad con mayúsculas la podríamos conocer en este plano a través de la iluminación o cuando accedamos a la quinta dimensión. La buena noticia es que podemos empujarnos mutuamente como especie hacia lo colectivo y no a la idea de un salvador. Cada uno se salva a sí mismo y de esta manera salva a los demás también. Sálvate del miedo, de la ignorancia y de las limitaciones. Todos juntos podemos generar una luz tan potente que nos convierta en algo mucho más grande. Nos sincronizamos con una meditación de alineación con el sol y con el núcleo de nuestra galaxia, ponemos ese intento en nuestro cuarzo personal y, de esta forma, se convierte en un catalizador, en un sintonizador personal de la radio universal. Sincronízate con la luz, con la intención colectiva y con la fuente de todas las cosas.

Usa tu imaginación para crear

Imaginación es magia y la magia es el poder supremo del cosmos.

La mayoría de los problemas son imaginarios, pueden llegar a ocurrir, los llevas en tu imaginación, pero en realidad no existen. Por ejemplo: ¿te has puesto a pensar que tienes el miedo que entren a robar a tu casa, pero eso no ha sucedido nunca? ¿Tienes miedo de que tu amante te deje, pero eso no ha pasado? ¿Temes que tus padres mueran, pero están vivitos y coleando? Y así miles de ejemplos. La realidad es que estamos bien, que tenemos también la oportunidad de cambiar nuestro destino por medio de elecciones y que, sabiamente, podemos hacerlo con nuestro discernimiento; pero sucede que hay temor. El miedo paraliza, es lo opuesto a la energía activa del amor, por lo que necesitamos comprender que realmente nuestra realidad la fabricamos nosotros en gran medida y si la llegamos a compatibilizar con la Realidad superior, el viaje nos hace uno, una unidad con la vida, nadar con la corriente, fluir y volar en el día a día.

Principios de la imaginación creativa

Recuérdatelo diariamente, imagina, piensa, ejecuta. Tienes el éxito garantizado. Ponle creatividad, fuerza y magnetismo. Somos muchos los que estamos sincronizándonos.

1. Ejecuta tu propio poder de imaginar.
2. Tu imaginación atrae lo que emites y crea tu realidad personal.
3. Lo que tu imaginación ejecuta es lo que estás atrayendo.
4. Eres un motor de energía que atrae lo que emite: lo semejante atrae a lo semejante. Te conviertes en lo que piensas.
5. Cada pensamiento tiene una frecuencia. Los pensamientos envían una energía magnética.
6. Piensa en tu deseo y atráelo.
7. Imaginación es igual a creación. Todo lo que ves fue imaginado por alguien. Si la imaginación está anexada a emociones poderosas, eso agiliza la creación.
8. Tienes sesenta mil pensamientos diarios. Haz que sean pensamientos creativos.
9. Pensamientos de prosperidad atraen prosperidad. Pensamientos de carencia atraen carencia. Tú eliges.
10. Los pensamientos no son solamente un deseo. Son órdenes cósmicas.

Capítulo 15

REDISEÑA TU CEREBRO

La clave del cerebro es la conexión

Yo me conecto, tú te conectas, él se conecta, nosotros nos conectamos, vosotros os conectáis, ellos se conectan. Y somos uno. Cuando te conectas a la fuente de todas las cosas, luego todas las cosas te conectarán con la fuente.

Todo empieza con una sola célula. La primera célula se divide para convertirse en dos, estas dos se convierten en cuatro y así sucesivamente. Justo después de cuarenta y dos duplicaciones, tienes diez mil billones (10 000 000 000 000 000) de células en el cuerpo y estás listo para aflorar como un ser humano.

En el cuerpo humano hay diferentes tipos de células. La especialización de cada tipo de célula está facultada especialmente para la tarea que debe desarrollar. Existen células que forman el cerebro, la piel, el hígado, la sangre, el corazón y otras partes del cuerpo físico. Las células mueren y nacen continuamente. El cerebro tiene treinta billones de células, llamadas neuronas y cada neurona es como una computadora en miniatura, pero mucho más perfecta que cualquier computadora fabricada por el hombre. Las células poseen unas 100 000 000 000 000 conexiones entre ellas con idéntica capacidad en bits. Y te sorprenderá saber que son mucho más las células del cerebro que el número de estrellas en la Vía Láctea. Las células cerebrales equivalen en la computadora a unos veinte millones de libros de quinientas páginas cada uno. El cerebro es una radio sublime para conectarte con este mundo y con todo el universo. Sólo usamos una pequeña parte, aproximadamente un diez por ciento de la capacidad. El cerebro posee dos hemisferios cerebrales, el izquierdo es lógico y racional y el derecho artístico, intuitivo y holístico, éste es el que está más desactivado. Mientras que el hemisferio izquierdo fue programado por la sociedad, la mala educación, las ideas y creencias antinaturales para funcionar en "mono" y no en "estéreo". Funciona en estéreo, conéctate con múltiples posibilidades y poco a poco ve activando las funciones ocultas y desconocidas. Al practicar meditación, respiración pránica, baños de sol y beber agua pranizada por el sol, ¡estamos activando la radio cerebral y podemos escuchar FM Universal!

Células

Cada célula tiene conciencia e inteligencia
individual para funcionar en conjunto.

Cada una de las células del cuerpo humano posee su propia copia de nuestro genoma, el ADN. La mayoría de las células son diploides, es decir, poseen dos copias de cada cromosoma. Estas células se llaman células somáticas. La mayoría de las células que forman el cuerpo humano son de esta categoría.

Las células de la línea germinal forman gametos (óvulos y espermatozoides) y son las únicas capaces de transmitir su material genético a las generaciones siguientes. Las células madre tienen la capacidad de dividirse indefinidamente y proporcionar células especializadas. La diferenciación celular es el proceso por el cual las células adquieren una forma y una función determinada durante el desarrollo embrionario o la vida de un organismo pluricelular, especializándose en un tipo celular.

Todos los diferentes tipos celulares derivan de una sola célula inicial o cigoto, procedente de la fecundación de un óvulo por un espermatozoide, gracias a la diferenciación celular. La diferenciación es un mecanismo mediante el cual una célula no especializada se especializa en numerosos tipos celulares que forman el cuerpo como los miocitos (células musculares), los hepatocitos (células del hígado) o, incluso, las neuronas (células del sistema nervioso). Durante la diferenciación, ciertos genes son expresados mientras que otros son reprimidos. Este proceso es intrínsecamente regulado gracias al material epigenético de las células. Así, la célula diferenciada se desarrollará en estructuras específicas y adquirirá determinadas funciones.

Funciones de los hemisferios cerebrales

Los hemisferios cerebrales contienen la información de todo lo que necesitamos saber. Activarlos completamente será el salto cuántico del nuevo hombre.

El hemisferio izquierdo tiene funciones como la habilidad numérica, el lenguaje escrito, lenguaje hablado, el razonamiento, la habilidad científica y el control de la mano derecha. Un problema en la estructura del hemisferio izquierdo puede producir, por ejemplo, tartamudeo o alguna condición en el habla.

El hemisferio derecho cuenta con funciones como la percepción tridimensional, la perspicacia, el sentido artístico y la imaginación, la facultad musical y el control sobre la mano izquierda. Por el estímulo educativo de los colegios y demás, por desgracia, el hemisferio izquierdo es usualmente el más utilizado ya que por la sociedad es razón, lógica y pensamiento racional.

A mediados del siglo XIX, los neurólogos Paul Broca y Carl Wernicke pudieron afirmar que cada hemisferio cerebral tiene una función distinta del otro. Llegaron a esta conclusión mediante la observación de lesiones cerebrales. Muchos pacientes con lesiones en el hemisferio izquierdo reportaban graves problemas de lenguaje. La disminución en la visión se veía en pacientes con lesiones en el hemisferio derecho. Después de los años ochenta, siguieron otras investigaciones importantes y en la actualidad sabemos que los dos hemisferios funcionan tanto conjuntamente como aisladamente. En ocasiones, uno está operando por sí solo, y en otras se complementan usando el cuerpo calloso que los une como puente. Por mucho tiempo se pensaba que el hemisferio izquierdo era el activo y el más valioso, mientras que el derecho aportaba poco. Quedó demostrado que no es verdad, que los dos hemisferios son igualmente importantes y cada uno tiene su función específica.

El hemisferio izquierdo está a cargo del lenguaje digital, lineal, lógico y directo. Es el hemisferio encargado del análisis, de las matemáticas y del razonamiento lógico. Éste busca una explicación, tiene la memoria, procesa la parte consciente del lenguaje, también se le llama el lado masculino.

El hemisferio derecho está más dedicado a las imágenes, a la intuición, es analógico, usa la poesía, es el creativo, el soñador, sensitivo, interpreta los símbolos y se le conoce como el lado femenino.

Los dos hemisferios captan y procesan la información en forma diferente; sin embargo, se complementan entre sí y nos permiten tener una visión más amplia de nuestro entorno y nuestras capacidades de comprensión.

En las escuelas occidentales se le da mayor desarrollo al hemisferio izquierdo. Casi toda la enseñanza entra y es analizada por el hemisferio izquierdo. Por fortuna, poco a poco las escuelas están incluyendo más actividades donde participe el hemisferio derecho, como dibujo, canto, manualidades, actividades creativas, teatro, danza, etcétera.

En Oriente se enfatiza mucho más el uso del hemisferio derecho sin negar el valor y la existencia del hemisferio izquierdo. Oriente le da mayor importancia a la comprensión de la esencia de los seres en un plano más abstracto y espiritual que científico.

Por ejemplo, algunas personas pueden tener más éxito en los negocios, en los cálculos matemáticos y poseer una memoria brillante. Allí están usando la mayor parte del tiempo el hemisferio izquierdo.

En cambio, los artistas se activan con el hemisferio derecho con la inspiración y la creatividad. Este tipo de personas se caracteriza por ser más intuitiva, sensible con un gran sentido de la estética.

El nuevo ser humano busca equilibrar los dos hemisferios, que al utilizarlos sea posible obtener una mejor comprensión holística de la vida. A mayor desplazamiento entre los dos hemisferios, mayor capacidad tendremos de entender al mundo y disfrutarlo.

El nuevo aprendizaje del homo universal deberá incluir las dos partes del cerebro, allí está la potencialidad de transformación unida a la activación del ADN.

Lo más avanzado: células biofotónicas

Un biofotón es un fotón entendido según el prisma de la óptica cuántica, es decir, mostrando propiedades específicas de la física cuántica.

Hay dos biofotónicas, la ortodoxa o clásica y la especulativa experimental o cuántica. Con biofotones me refiero a unos pocos fotones generados por una célula. Para comprenderlo, imagina en micropequeña escala la misma imagen que la de una expulsión del sol.

Las radiaciones biofotónicas actúan de forma casi mágica en las primeras fases del desarrollo embrionario, por eso se califican como radiación mitogenética. Para los "entendidos", esta radiación no es un ningún misterio y tiene un origen fisicoquímico en las reacciones bioquímicas del metabolismo celular. Algunos científicos afirman que al menos el setenta y cinco por ciento de esta actividad biofotónica celular se origina en el ADN. En tanto que la ciencia cuántica va avanzando en sus investigaciones, se preguntaron: ¿qué es la comunicación biofotónica cuántica? Dicen que la luz almacenada en la molécula de ADN se comporta de forma coherente como un condensado de Bose-Einstein (BEC); toda la luz en una célula biológica se encuentra en un estado coherente de fotones, todos con la misma frecuencia y con sus fases entrelazadas, que actúan como un objeto cuántico a escala macroscópica. El estado BEC juega un papel esencial en la formación de los campos morfogenéticos (ver la importancia de la Ley de Sheldrake en mi novela *El secreto de Adán*) que permiten una acción holística sobre el ADN de múltiples células controlando su crecimiento, coordinación y diferencias.

¿Entonces, qué podría pasar si las tormentas solares anunciadas para 2012, la alineación del Sol con el centro de la galaxia y la activación de la meditación tuvieran directa relación con la luz de las células? ¿Podría expandirse traspasando la bioquímica del cuerpo y difundiéndose por la conciencia, produciendo así una iluminación espiritual colectiva? Ésa es la gran oportunidad.

Sol, fotones, células y cerebro

El sol es el motor del cerebro, el agua y la sangre
el trasporte, y el oxígeno el combustible.

Los científicos cuánticos hablan del extraño papel de los biofotones en el cerebro y de qué manera el campo eléctrico del cerebro afecta al propio cerebro, afirmando que casi todas las neuronas se comunican con señales eléctricas, ondas cerebrales y químicas.

Muchos científicos cuánticos también afirman que todos los organismos emiten luz a un ritmo constante desde unos pocos fotones por célula al día hasta varios cientos de fotones por organismo cada segundo. La emisión de biofotones es universal para los organismos vivos.

Suponiendo que este campo biofotónico es coherente, puede ser una herramienta fundamental para la comunicación entre células en los organismos multicelulares y para la comunicación de cada célula con su entorno; los biofotones son, pues, una pieza clave para el estudio de la comunicación biológica.

Se cree que las neuronas emiten e incluso conducen fotones. Entonces los científicos cuánticos se preguntan: ¿podría ser que los biofotones ayuden a sincronizar el cerebro?

Las pruebas científicas realizadas durante los últimos años demuestran que los fotones desempeñan un papel importante en el funcionamiento básico de las células. La mayor parte de estas pruebas proceden del apagado de la luz y recuento del número de fotones que produce la célula. Las células emiten luz mientras realizan su funcionamiento; en realidad, parece como si muchas células usaran luz para comunicarse. Entonces, sabiendo esto se intuye algo importante, ¿qué papel desempeña la luz en el funcionamiento de las neuronas? La luz puede desempeñar perfectamente un papel importante en la función neuronal. Varios científicos hicieron una predicción inicial sobre el papel que los fotones podrían desempeñar en la forma en que funciona el cerebro. Señalan que las neuronas contienen muchas moléculas sensibles a la luz. La presencia de moléculas sensibles a la luz hace difícil imaginar cómo podría ser que no se vieran influidas por los biofotones. Pero los fotones también serían absorbidos por otros materiales de la célula y esto debería hacer que la célula fuese opaca.

¿Podría ser que el complejo mecanismo celular funcionase como fibras ópticas? Es un gran salto asumir que los fotones realizan este trabajo, pero la ciencia se construye con grandes saltos imaginativos como éste.

La ciencia biofotónica es uno de los campos de movimiento más emocionante en la actualidad.

Agua, respiración y luz solar

Encender el cerebro para que brille como un sol dentro de ti.

También es importante recordar que el agua, la respiración y la luz solar colaboran con el correcto funcionamiento del cerebro, por lo que es conveniente beber mucha agua con botellas a las cuales se agrega cristales de cuarzo dentro, para que la luz solar quede ahí. Los estudios del doctor Masaru Emoto sobre el agua, los pensamientos y las emociones son contundentes. Al respecto, al final de este capítulo encontrarás técnicas de respiración para activar el cerebro. Es recomendable tomar baños de sol para energetizar las células y llenarlas de luz. A continuación verás qué tiene que ver la glándula pineal, el cerebro, la luz y la melatonina.

La glándula pineal

La más misteriosa de las glándulas alberga un tesoro insospechado.

Así como los ojos físicos son una lente que nos permite ver y volvernos conscientemente perceptivos de nuestra experiencia en la tercera dimensión, cuando estamos soñando y meditando, podemos ver un "ojo lumínico" que está abierto o cerrado. La glándula pineal se encuentra ubicada al centro del cerebro junto a la pituitaria. Su tamaño no supera el de una lenteja y procesa la información creativa, de vida y espiritual. Esta glándula corresponde a uno de los centros principales que tiene como misión abrir el camino de regreso a la recuperación de las potencias originales del ser, así como conectar con los campos de creación donde está el cien por ciento de las capacidades del universo. En la antigüedad, esta glándula era el centro del poder superior, para los católicos era el poder de Dios; para los masones, la visión del cíclope; para los egipcios, el ojo de Horus y en la India le llaman el tercer ojo.

La glándula pineal tiene directa relación con la parte energética o astral, el llamado tercer ojo, que es el sexto chakra. Cuando comienza a activarse y a abrirse durante la meditación o en sueños, se abrillantan los colores y se obtiene un alto grado de intuición. Eso indica que la persona está moviéndose a una frecuencia más elevada que le permite expandir su conciencia y ver la realidad en muchos niveles y dimensiones. Éste será un salto cuántico en percepción, un cambio de vida para vivir en una la frecuencia más elevada.

La apertura del ojo es un símbolo del despertar espiritual y se intensificará más y más con la evolución de la conciencia y la activación del ADN. El tercer ojo tiene un lente que es la glándula pineal. La glándula pineal segrega melatonina; esta palabra viene del griego que significa "trabajo oscuro", o sea que se produce en la oscuridad. Recordamos que la melatonina es sintetizada a partir del neurotransmisor serotonina.

Se produce, principalmente, en la glándula pineal a partir del aminoácido triptofán. La producción de melatonina es inhibida por la luz y es estimulada por la oscuridad. La secreción de melatonina alcanza su pico en la mitad de la noche y de manera gradual desciende durante la segunda mitad de la noche.

En el *Homo sapiens* se produce una síntesis constante de melatonina que disminuye abruptamente hacia los treinta años de edad. Después de la pubertad se produce una calcificación llamada "arenilla del cerebro", que recubre la glándula pineal, pero ésta sigue mandando melatonina.

Glándula pineal y DMT

*Si la pineal se activase al completo veríamos más
dimensiones de lo que ven los ojos físicos.*

La dimetiltriptamina (DMT) se encuentra de manera natural en el cerebro humano exactamente en la epífisis o glándula pineal considerada como un neurotransmisor. También es el principio activo enteógeno de la Ayahuasca, una planta poderosa. Es el psicodélico de acción más intenso que se conoce y de mayor impacto visual.

Se encuentra en numerosas plantas y semillas se produce en pequeñas cantidades cada vez que un individuo sueña y en mayor cantidad en los momentos antes de morir.

El DMT también se encuentra de forma endógena en el cerebro humano y probablemente a ello se deba lo espectacular y breve de sus efectos visionarios y su rápida metabolización. Algunos especulan que el DMT, producido en pequeñas cantidades por humanos y mamíferos, participa en los efectos visuales del sueño natural e incluso en las experiencias cercanas a la muerte y otros estados de conciencia.

La glándula pineal produce dimetiltriptamina y como es el neurotransmisor sintetizado a partir de la serotonina se transforma en responsable de producir los efectos visuales del sueño. Incluso René Descartes pensaba que la glándula pineal era aquello que conectaba el cuerpo con el alma. La glándula pineal al ingresar a la experiencia de acceso a los campos creativos superiores hace que se experimenten vivencias sensoriales, estímulos coloridos visuales que despiertan memorias ancestrales. Necesitamos aprender a crear conscientemente mediante la visualización y la activación del tercer ojo.

El sol y los biofotones

El sol es el soberano de la vida en nuestro planeta.
El culto al sol es el culto a la vida más antiguo.

Antiguamente, el sol era el centro de la vida en muchas culturas como los griegos, mayas, druidas, egipcios y muchos más. En la actualidad, el problema no es el sol, sino la relación que alguna gente tiene con él. Pasamos mucho tiempo cubiertos de su luz y, luego, en el verano muchas personas se achicharran tomando mucho sol, en vez de exponerse brevemente a él diariamente, puesto que el sol sintetiza la vitamina D, que sirve para muchas funciones en nuestra salud de todos los sistemas, glándulas, células y órganos.

El sol también eleva la producción de testosterona en el hombre, de progesterona en la mujer y las capacidades reproductivas. Mejora la circulación en la piel, pero claro que hay que prevenir el cáncer de piel, tomándolo a las horas que no sea tan intenso. Los datos científicos demuestran que la vida moderna, siempre delante de una computadora o del televisor, hace que un gran número de personas muestre una grave carencia de vitamina D.

La falta de sol puede llevar a una persona a la tendencia a la depresión, a engordar y se pierde el magnetismo de la energía vital. Hay que tomar el sol todos los días del año unos quince minutos. Evitar el exceso en verano y no exponerse en las horas de mayor incidencia. La puesta y la salida del sol son dos excelentes momentos, porque la radiación solar es inferior a la de un televisor, y la acción terapéutica es igual de profunda y eficaz.

El bioquímico Fritz-Albert Popp demostró con su teoría de los biofotones que somos luz y estamos hechos de luz; lo mismo que la Cábala había afirmado hace cuatro mil años. Según Popp, la luz es portadora de información y mensajes que son capaces de modificar la actividad de la materia.

¡Nuestras células se comunican entre sí y con los otros organismos mediante impulsos de luz! Al saber que nuestras células emiten biofotones, que regulan todos los procesos enzimáticos celulares, que mantienen el cuerpo sano y que nuestras células se comunican a través de la luz gracias al ADN, que funciona como una antena de transmisión de estas ondas electromagnéticas, ¡tenemos que tomar el sol! El ADN recibe y retransmite, permitiendo a las informaciones y a las frecuencias luminosas circular interna y externamente de un organismo.

Hay un idioma contenido en la luz capaz de incidir en nuestro metabolismo celular, nuestras ideas, nuestras emociones y las cosas que nos suceden.

Las circunstancias de la vida de cada persona son producto de la información, vibración y energía que emana y que está contenida en el aura o campo energético lumínico.

Respiración para activar los hemisferios cerebrales

1. Respiración del sol y la luna

Inhalación por la fosa nasal izquierda tapando la derecha. Exhalar por la derecha tapando la izquierda para repetir en sentido contrario. Inhala por derecha tapando la izquierda, tápala y exhala por la izquierda. Esto es un ciclo completo. Realiza siete ciclos.

Beneficios:
- Purifica los nadis.
- Limpia y despeja las fosas nasales.
- Equilibra y estimula los hemisferios cerebrales.
- Mantiene la salud.
- Evita los resfríos y mejora la digestión.
- Activa la energía sexual. En los hombres ayuda a controlar la eyaculación.
- Beneficia la estimulación de actividades intelectuales.
      Tiempo: diez minutos todas las mañanas y al atardecer.

2. Respiración para activar los péptidos del cerebro

Kapalabhati significa *kapala*, cráneo; *bhati*: brillo.

Realización: inhalación dinámica en el doble del tiempo de la exhalación enérgica por la nariz rápidamente como un fuelle. También puedes inhalar y exhalar en el mismo tiempo y velocidad. Aquí entrará luego en juego la parte más importante de la respiración: la retención del aire.

Al retener con los pulmones llenos luego que termines la serie, podemos tener prana más tiempo dentro de nuestro organismo.

Duración: comenzar con dos series de cuarenta respiraciones. Inhalar y exhalar se cuenta como uno, hasta llegar a tres series de noventa con la práctica constante. Con intervalos entre serie y serie de respiración completa con retención del aire de cinco a diez segundos.

Retención: durante los diez segundos de retención aplicas los llamados "Tres cerrojos":

1. Muladhara bandha: contracción del esfínter anal.
2. Uddiyana bandha: elevación del abdomen.
3. Jalandhara bandha: cierre de la garganta. La perilla al pecho.

Realizas los tres al mismo tiempo que retienes el aire para que la energía del sol inhalada vaya a nutrir a las células.

Contraindicaciones: no puedes realizar esta respiración si tienes presión alta, operados recientes del corazón y epilepsia.

Beneficios:
• Limpia y purifica los pulmones.
• Carga el plexo solar con prana.
• Estimula la circulación y la garganta.
• Aumenta el calor corporal.
• La sangre se satura de oxigeno O_2.
• Activa los chakras.
• Fortalece los músculos abdominales.
• Beneficia la digestión.
• Tonifica el sistema nervioso.
• Durante la inhalación el cerebro disminuye y en la exhalación aumenta de volumen.
• Masajea, bombea y limpia el cerebro.
• Revitaliza las células cerebrales y activa la glándula pineal y pituitaria.

- Barre la fatiga y las toxinas.
- Elimina el ácido láctico.
- Combate el asma.
- Refresca los ojos.
- Activa ajña y sahasrara chakras en el entrecejo y lo alto de la cabeza, respectivamente.
- Prepara la mente para la meditación.
- Actúa sobre kundalini.
- Incorporamos más oxígeno y eliminamos anhídrido carbónico.

3. Ejercicio de activación de la glándula pineal

PRIMER PASO

Siéntate frente a un espejo en la oscuridad. Enciende una linterna o vela cercana debajo de tu cara apuntando hacia arriba. Ahora mira fijamente a tus ojos en el espejo y verás tu imagen cambiar en muchas personas incluso verás imágenes de rostros que pueden no ser humanos. Éstos son múltiples aspectos de tu alma.

Incluso podrás ver en este ejercicio o en cualquier momento de la vida diaria a tu chispa del alma de luz como el parpadeo de luz blanca o azul o púrpura, el que a veces se presenta en la periferia de tu campo de visión por tan sólo un segundo.

SEGUNDO PASO

Gira tus ojos tres veces hacia cada lado durante dos minutos. Realízalo con los ojos abiertos. Una vez terminado, presiona con tus dedos suavemente los globos oculares con los párpados cerrados. Un minuto en cada ojo. Verás luz y chispazos de colores.

TERCER PASO

Luego te acuestas durante quince minutos y colocas un cuarzo blanco (previamente limpiado con agua y sal y expuesto al sol).

Lo apoyas en la zona de tu entrecejo. Respiras profundamente de forma lenta y dejas que la visualización te lleve libremente hacia la luz.

Lleva tu atención al cuarzo que tienes entre las cejas, como si fuera la entrada hacia la glándula pineal en el centro de la cabeza. Visualiza una bola de luz dorada entre las cejas. Ahora imagina un puente de luz que va desde esta bola dorada hasta tu glándula pineal en el centro de la cabeza. Visualiza ahí una bola de energía blanca, como una luna llena brillante. Vuelve a la bola dorada entre las cejas y con la siguiente inspiración conduce la bola de energía dorada hacia la cavidad cristalina de la glándula pineal. Al exhalar vuelve tu atención entre las cejas. Con la siguiente inspiración, vuelve a conducir la bola dorada hacia la cavidad de la glándula pineal, entrando y saliendo, siente cómo la energía dorada baña la glándula pineal, sigue llevando la bola de luz dorada hacia dentro durante siete respiraciones completas. En la última inspiración siente cómo se completa la fusión y se activa una luz blanca que va irradiando toda la cabeza, a medida que respiras la luz sigue irradiando tu cuerpo y luego tu aura, luego deja que la visualización te lleve más allá de tu forma física, hacia círculos, mandalas de colores, imágenes y símbolos creándose y recreándose en el infinito del universo.

Extiéndete y siéntete como conciencia, energía y luz. Disfruta la experiencia. Luego de unos veinte minutos vuelve poco a poco a sentir el cuerpo físico.

Capítulo 16

REDISEÑA TU ESPIRITUALIDAD
Y TU COSMOGONÍA

Hazte uno con tu océano de dicha

*Si hay un Dios (y seguro es que lo hay), debe ser una
fuerza que está en constante expansión orgásmica.*

Al encontrar nuestro poder interior, nuestros dones divinos y cualidades para manifestarnos, comenzamos a navegar en el océano
de dicha del cual nunca nos tendríamos que haber alejado. Esta
revolución interior nos permite reconectar con el lenguaje de la
vida que es el deleite, el placer y el gozo. No somos hijos del sufrimiento, lo buscamos nosotros por no saber navegar, mientras
estamos en un océano de dicha y no vamos conectando con eso.

Nuestro destino es ser felices, nuestro presente es para disfrutar el regalo de una inteligencia superior que ha creado un juego.
Recuerda: de niños jugamos, de mayores juzgamos. Si aprendemos
a seguir jugando sin dejar de ser responsables, sabiendo reír, saltar,
festejar y explotar de autenticidad, toda seriedad, moralismo, pre-
juicio y limitaciones del ego, se disuelven como arena en la mar. El
ser humano ha perdido su capacidad de comprender que el éxtasis
está dentro y que la dicha nos pertenece. No hace falta envidiar
al otro porque es feliz, todo el mundo tiene ese derecho, pero nos
involucramos en una vorágine de actividades que nos generan una
pérdida de sentido de quienes somos. ¿Quién quiere bañarse en
un pantano y no dejarse llevar por un río trasparente y puro que
baja de la montaña? Uno mismo elige plenitud o conflicto, turbu-
lencia o trasparencia, amor o vacío. ¿Es que no nos damos cuenta
del enorme poder que tenemos? ¿Es que hemos sido anestesiados
de mil y una maneras para no recordar nuestro origen divino

manifestándose todos los días sobre este planeta? ¿Qué esperamos para usar el poder espiritual? ¿Qué esperamos para que todas las puertas de la vida se nos abran de par en par simplemente con el poder de la sonrisa? ¿Qué mundo personal creas? El océano de dicha existe, es lo que ha existido siempre, la fuente de todas las cosas y podemos nadar conscientemente en él o quedarnos en el desierto del ego, la ignorancia o la incredulidad.

Cuando meditas, estas percepciones se despiertan desde tus profundidades para empujarte delicadamente en tu evolución espiritual. Pregúntate si vives con las puertas de la confianza abiertas o desconfías de todo ¿Qué es lo peor que puede sucederte? Serénate, toma un respiro, ponte una música que llegue a tu alma, que te emocione y te haga sentir que la dicha te pertenece, que tienes derecho a danzar, a vivir, a sentir plenamente en armonía con el éxtasis cósmico. La comunicación directa está disponible, puedes usar la belleza o la música para comunicarte rápidamente, porque la vida es bella y musical, rítmica y aguarda que escuches su melodía multidimensional.

La nueva espiritualidad

Dios existe... ¡Y está por todas partes!

En la espiritualidad hay dos caminos: o te abres como una flor o te cierras como una ostra. En la primera opción esparces tu perfume personal al mundo y floreces; mientras que la segunda, proteges la valiosa perla que llevas dentro pero... ¡no la verá ni tú ni nadie!

No es posible salir de algo que no tiene límites, no hay un "afuera" del universo. Nada está separado, todo es uno, unidad, multiplicidad, creación, dimensiones, movimiento, multiplicación, expansión. Si comprendemos que todo está en un adentro constante poco a poco la percepción de la realidad cambia y nos sentimos partícipes de una magna creación aislándonos de los pensamientos de separación e ideas que generan fronteras mentales.

Pregúntate a ti mismo observando tu evolución. ¿Has estado en medio de una conversación fascinante y de pronto te ocurre que no puedes recordar, pronunciar las palabras o nombres? ¿Has tenido períodos en los que has perdido todo tu entusiasmo y te has sentido sin fuerza, sin poder juntar la energía para hacer nada? ¿Comes varias veces al día, pues sientes como si bajara vertiginosamente tu nivel de azúcar en la sangre? ¿Te despiertas o despertabas regularmente entre las 2 y 5 am? ¿Has tenido períodos donde dormías muchas horas seguidas? ¿Tienes sentimientos abrumadores de no verle sentido a las cosas?

Si has experimentado alguno de estos síntomas, tienes que saber que se debe a que estás en proceso de cambio para elevar la frecuencia. De esta forma se van alineando y desechando todos los aspectos más densos y de menor vibración.

Activa tu meditación y espera ya que, la mayoría de las veces, los síntomas desaparecen eventualmente por su propia cuenta sin ningún tipo de tratamiento.

El proceso puede ser paulatino o intenso de acuerdo con la práctica que cada uno traiga anteriormente, en la relación con quiénes somos, cómo vemos las cosas, lo que creemos y qué tan conectados y abiertos estamos a la fuente y a las dimensiones superiores.

Energía y síntomas de evolución

Percibe tu energía, activa tu cuarzo personal, tu conciencia al timón de los eventos y potencia tu práctica meditativa: ésa es la preparación para pasar por el portal.

Necesitamos redireccionar nuestras energías. El filtro a través del cual conducimos nuestra energía, o lo que somos, afectará en gran medida y determinará nuestro proceso de ascensión. Necesitamos dejar de pensar tanto en cuestiones domésticas y utilizar más la energía en lo elevado. Claro que por más que practico meditación y reactivo mi ADN, no dejo de lavar los platos e ir al supermercado o cocinarme la comida.

Una de las cosas más fáciles y mejores que podemos hacer para promover un proceso de ascensión más suave es no tomar las cosas personalmente.

Nuestra energía, nuestros cuerpos, mentes y espíritus están yendo hacia niveles superiores. Poco a poco están perdiendo su densidad, para poder cambiar y tener libre acceso porque para ir a una dimensión superior donde las frecuencias son mucho más altas, uno tiene que vibrar en dicha sintonía. A medida que elevamos nuestras frecuencias más y más alto (la energía-materia más ligera vibra a una frecuencia más alta), a veces estamos aquí en esta vieja realidad tridimensional y a veces en una dimensión superior.

En las dimensiones superiores, el panorama y la realidad son distintos. No estamos acostumbrados a estar ahí mientras estamos todavía habitando nuestro viejo vehículo 3D, con una vieja mente y manera de pensar tridimensional. El nivel físico siempre es el último en ser afectado y cambiar cuando se produce cualquier tipo de cambio.

Así, entonces, nuestros cuerpos están transmutando haciéndose más ligeros y purificados. Esto puede causar muchos dolores y molestias físicas diversas, pues cualquier cosa que vibre más bajo, sobre todo viejos traumas y lesiones o incluso situaciones de desequilibrio en la salud. Cuando las energías superiores llegan y recibimos energía más alta todos los días, esto afecta a cualquier cosa que sea de una menor vibración. Cuanto más baja sea la vibración, más se sentirá.

Usa tu nueva mente

*Necesitamos dejar atrás la piel de la mente que no
se renueva y se estanca en lo antiguo para dar paso a
una nueva mente: la mente divina holística.*

Hemos tenido una gran cantidad de ideas y conceptos antinaturales que han generado una carga venenosa en nuestra mente. Hemos sido bombardeados con toda clase de virus para infectar nuestra computadora nueva.

La mente se ha contaminado. Pudor, represión, condena, autoflagelación, libertinaje, descontrol, han llegado a nuestros oídos todo tipo de ideas que condenan la naturaleza humana. Desde el nacimiento de las religiones comenzaron a empaquetar en una caja de falsa moral la vitalidad y la unión entre los sexos. No han sido educativos sino represores y fundadores del miedo y el concepto de pecado y separación de la fuente. Eso se ha grabado en las mentes de generaciones.

La mente y la naturaleza humana tienen varios niveles: animal, humana y divina. Son varias escalas. Somos animales en varios aspectos, sobre todo en lo que concierne a los chakras más bajos, los centros de energía que rigen nuestro comportamiento y nuestros deseos. La supervivencia, el deseo sexual y la comida son aspectos animales de nuestra existencia, vinculados al primero, segundo y tercer chakra. Están bien, son importantes y deben ser satisfechos para que luego podamos sentir las partes más elevadas de nuestra naturaleza como son el amor y la creatividad, vinculados al cuarto y quinto chakra, respectivamente. En esta fase de nuestra naturaleza somos seres humanos. Humanidad significa capacidad de amar y crear. Si bien los animales también aman y crean, los seres humanos tenemos la oportunidad de amar para sentir la divinidad manifestada. Esta manifestación se alcanza en el máximo grado cuando subimos la naturaleza energética a la visión clara de la intuición y la conexión espiritual, del sexto y séptimo chakra, ubicados en el entrecejo y en lo alto de la cabeza.

La naturaleza primaria tiene instinto, impulso, reacciones hormonales, la llamada del sexo como reproducción. La naturaleza humana tiene la voz del corazón, los afectos y la energía de unidad como signo de manifestación. La naturaleza divina es la certeza de que todos los niños vienen al mundo mediante el sexo, pero recordando que también se haya oculta y no desarrollada la percepción intuitiva de que a través de la energía sexual podemos sentir la esencia divina dentro de nosotros. Si seguimos únicamente el instinto y el deseo en bruto, casi seremos como un cuerpo sin mente inteligente y sin sentimientos, movido sólo por las reacciones químicas y biológicas sin ninguna inteligencia.

Nuestras mentes están comenzando a ver las nuevas realidades y las formas superiores de ser y de vivir a través de este proceso. A medida que la capa de densidad que ha nublado nuestra manera de pensar se vuelve más y más tenue, la mente gana claridad y percepción y podemos, finalmente, ver lo que es en realidad. Mediante este proceso, nuestras emociones y pensamientos también son afectados. En cuanto nuestros espíritus se acercan cada vez más a la fuente, empezamos a recordar. Se expande el amor, la visión clara, la compasión y gratitud son algunos de los aspectos del proceso de ascensión y evolución espiritual. Estamos regresando a la fuente y a la versión original purificada de nuestras almas.

Hay un solo Dios, el que quiere lo mejor para ti

El Mesías eres tú, recuérdalo...

¡Si una persona cree en la llegada de un supuesto Mesías salvador también tiene que creer en la reencarnación necesariamente, porque de lo contrario, si no llega el Mesías en el espacio de tiempo humano que le toca vivir tampoco lo verá en el futuro por estar muerto y se perderá la reencarnación y al Mesías también!

El tesoro más valioso es tenerte a ti mismo. No hay mayor Iglesia que la vida misma. Ni mayor mentor que tu propio corazón, ya que nadie necesita maestro, lo traes puesto dentro. Úsalo.

No hay más familia que toda la humanidad, incluyendo de otros planetas. No hay más casamiento que el que realizas con todos los árboles, flores, estrellas, montañas, frutos, galaxias... No hay más logro que estar vivo y hacer lo que quieres hacer. En este breve período de vida humana no estamos aquí para perder el tiempo, sino para amar más y mejor.

Como he volcado una investigación teosófica, genética y espiritual muy extensa en mi anterior libro, alguna gente me pregunta: ¿Tu novela *El secreto de Adán* está en contra de los católicos? No, para nada; al contrario, es para que los católicos se vuelvan más inteligentes y dejen de juzgar y apostar todo al misterio de la fe, porque hay más cosas que se han ocultado y que deberían saber.

De esta forma, nos damos cuenta de que la pretensión de las religiones de apoderarse de un dios para ellos mismos, agrediendo y compitiendo con otras religiones es una pérdida de tiempo y de sangre a través de los siglos.

La nueva religión es que te des cuenta que estás unido a Dios y que siempre será así ya que es imposible separarse de la fuente infinita, cuanto antes comprendamos esto más rápido evolucionaremos todos.

Sé tú mismo

Soy el que siempre quise ser. Soy el que siempre fui. Soy el que soy. Y soy el que seré.

Yo soy aquí y ahora. Y seguiré siendo lo que soy: una conciencia que cambia de formas y que existe. Para mantener y seguir estando consciente del despertar personal, se necesita entrenar su espiritualidad. El único camino espiritual que sigo es el que genera acercamiento entre las personas, que aporta abundancia de emociones, abundancia de amistades, de sentimientos y de creatividad. El camino es para reír más, para gozar más, para estar sin preocupaciones, para ser directo y simple, para vivir al máximo expandiendo la conciencia divina. Todo lo demás que genera gente distante, que vive hipotecando lo que siente y que es avara emocionalmente, no me interesa. Vivo para la libertad y para el amor incondicional. Para sentir la luna en la palma de la mano y para bailar con las estrellas. Es fácil... sólo se trata de actitud, de abrirse a recibir y dar lo mejor de cada uno, de recordar que necesitamos aprovechar el tiempo y la experiencia dentro de este cuerpo físico.

Enciende tu estrella personal

Todas las estrellas te observan. Todos los pájaros te escuchan.
Todos los rayos de sol te abrazan. ¡Todo el cosmos está de tu lado!

En mis viajes a mi querido México, mi segunda casa, me empapé sobre la apasionante cultura maya. De acuerdo con sus acertadas investigaciones matemáticas, místicas, astronómicas y geográficas indican en sus códices que el 21 de diciembre de 2012 se iniciará una nueva era de luz, el final de un ciclo de oscuridad y el portal a una nueva civilización superior. Esto coincide con la visión oriental de la era de Kali. Este cambio de era planetaria está trayendo también unas importantes modificaciones a nivel de la conciencia del ser humano. Los mayas tenían técnicas para despertar el tercer ojo desde que los niños tenían pocos años, les colocaban una piedra de copal —un incienso aromático de perfume intenso— en la frente y les ponían una especie de sujetador en la cabeza para que tomase la forma oval. De esta manera, el ajña chakra y la glándula pineal se despertaban desde la infancia, activando la sabiduría interna y la clara visión.

Es tiempo de encendernos individualmente, de conectar las estrellas personales en beneficio colectivo, porque el firmamento de la nueva conciencia somos ahora nosotros en la Tierra.

Enciende tu luz personal, piensa que tu corazón se abre y siéntelo en comunión con el sol; esto te llenará tu día de luz y sensibilidad. De la misma forma que enciendes y apagas tu teléfono, enciende tu mente durante tu trabajo, pero apágala durante la meditación, la risa, el sexo y los abrazos. Necesitamos abrirnos a la nueva energía y practicar la espiritualidad en acción.

La nueva familia de luz

La única familia verdadera es aquella en la que hay
6 972 688 217 de hermanos de todos los colores, con
primos y hermanos mayores que aún no se conocen
y donde sólo hay una madre y un padre.

Somos uno. Todos respondemos a la misma esencia. La misma fuerza de vida que hace latir un corazón también es la de toda la humanidad. Hay un latido cósmico. Cosmos significa orden. Hay un orden detrás de todo el caos que podemos ver. Este orden es el origen, el Uno anterior al Big-Bang, es anterior a la dualidad. Todos somos células interdependientes de la unidad. Sucede que la sensación de separación o dualidad surge del ego que cree que hace las cosas. Haz la prueba, no hagas nada durante un día, sólo observa. Todo sigue funcionando igual, pero si tu actividad es creativa, positiva y gozosa, ¡aumentarás el orden! O sea que sólo tienes parte en las ganancias. Si descubres un invento, pintas un cuadro, escribes un libro, amas a alguien, trabajas con entusiasmo o te iluminas espiritualmente, ahí sí que colaboras, allí sí eres importante, la unidad te abre las puertas. La unidad no puede destruirse con el caos, de la misma forma que cuando enciendes la luz en una habitación la oscuridad desaparece al instante, la unidad puede aumentarse.

Plenitud consciente

A veces siento tanta felicidad, plenitud y éxtasis que pienso
que estoy muerto y no recuerdo cómo fue el accidente,
y ahora, en el cielo, todo lo que pido se me otorga.
¿Cómo me doy cuenta de que realmente estoy vivo?

Los escépticos dicen que cuando te mueres no queda nada. Razona: si no queda nada, tampoco queda un "yo" para sentirlo, entonces ¿de qué preocuparse?

Para el tantra, como para muchas culturas orientales, no es tan importante de dónde venimos o a dónde vamos, sino quiénes somos ahora. Y ahora está disponible la inmortalidad del alma. El cuerpo físico un día terminará su misión, pero el espíritu continúa su viaje en otros juegos, en otros planos, con otra ropa.

Los artistas son inmortales al dejar un legado para la humanidad. El arte es la ruta del espíritu. Toda persona tiene su artista dentro. Puedes ser creativo en cualquier trabajo, ésta es una forma de inmortalizar el paso por esta vida. Pero existe otra, más profunda, que es entrar en la eternidad.

Razonemos de vuelta: si algo es eterno, estuvo en el pasado y también estará en el futuro, por lo tanto, también tiene que estar en el presente. En este ahora es cuando tenemos la oportunidad de iluminar nuestra alma en la luz de la eternidad. Si sabes interiormente, si sientes que eres eterno como alma, que no mueres, todo miedo desaparece. La muerte del cuerpo deja de ser un fantasma y lo tomas como un plazo del juego para manifestarse. Cada uno tiene su camino, su historia personal. La eternidad está disponible y sus puertas se abren en tu interior con la meditación, mucho más con la meditación sexual, porque la energía de vida está despierta, a flor de piel, es la barca por la que navegas en las aguas eternas. Cuando el motor de la barca y sus velas están encendidos y alzados, el viento de la conciencia te impulsará a darte cuenta de que estamos navegando en un océano eterno de vida y gozo.

La ignorancia es pecado

No hay ningún pecado, sólo errores por falta de sabiduría; si hubiese un pecado, seguramente sería el de querer seguir viviendo en la ignorancia.

Cuando un ser humano habla de un tema que desconoce, se le llama ignorante. Cuando un ser humano habla de Dios, aún sin saber nada de esa fuente, se le respeta. Sería mejor llamarse ignorante de lo divino. En definitiva, lo único que conocemos es la idea que cada uno tiene de eso.

La gente insiste en vivir ignorando que hay una Realidad con mayúsculas y se empeñan en vivir para trabajar, tener y acumular o preocupados en las vidas de famosos. Tú eres lo más importante. Todas las filosofías y los gobiernos que ponen primero a Dios, en segundo lugar a la familia, en tercero al trabajo y a la patria, son peligrosas. Están coartando la libertad individual en pos de una triple cárcel de la cual no escaparás si no te despiertas. Dios primero no puede ser, porque tú ya lo integras, con lo cual tú eres Dios. Entonces, tú mismo eres el primero de la lista porque Dios ya viene en el paquete.

La familia física en la Tierra es temporal porque primero disfrutas de su presencia y luego vuelas libre por el mundo. Es cierto que cuando te mueras se reunirán en torno tuyo para despedirte, pero eres tú el que tiene que hacer el viaje. Además, no siempre, pero la familia puede ser una excusa para evitar la soledad. Ciertas familias son como buitres peleando por la herencia.

El trabajo es sólo una actividad de ocho horas para expresar tu creatividad a la vida y sentirte útil, no el motor de tu vida. Entonces, lo primero debes ser tú, tus vivencias, el amor propio como perfume para luego compartirlo en todas direcciones. Así tendrás todo lo que buscas. Ya lo dijo Buda: "Sé una lámpara encendida en ti mismo". Y lo repitió Jesús: "Primero el reino de los cielos (o sea tu felicidad), y luego todo viene por añadidura", pero nos empeñamos en seguir ignorando estos principios universales. El bien y el mal no existen, son un invento para dividir a la gente. Sólo existe la conciencia, ella sabe lo que es correcto e incorrecto. Si una persona vive presa de sus creencias oxidadas, le va a corroer el alma. Creo que es más fácil que un adicto a la droga deje la droga y se ponga a meditar, que un católico ortodoxo inflexible entre en el reino de los cielos.

Al eliminar la ignorancia con el conocimiento, tendrás poder y sentirás la verdadera libertad. Toda filosofía basada en otras cosas que no seas tú se cimienta basada en el miedo a la soledad. Cuando sólo tienes luz, ya lo tienes todo.

Estamos entrando en una era femenina, de vacío y expansión: la renovación espiritual. Para ello recuerda tres principios que transformarán nuestra civilización:

Vacío fértil: universo
Vacío fértil: mujer
Vacío fértil: conciencia

Destruir lo viejo y crear lo nuevo

Estamos llegando al final de una era y su destrucción, nos aguarda la creación de una nueva época dorada.

Estos tiempos están divididos por las personas despiertas en pos de la expansión de la conciencia y los que se apegan a la ilusión, a la inconsciencia existencial. Muchas veces no entiendo cómo se envenenó a personas tan valiosas como Sócrates, se mató a Jesús o se sensuró a Osho.

Extraño a los griegos antiguos, a los sabios de Egipto, la Atlántida, la época de oro. Espero que a partir del 2012 la conciencia tenga un impacto tan sorprendente que nos levantemos un día con amnesia del pasado y podamos fabricar un mundo completamente feliz. Vivimos en un universo lleno de éxtasis y nos peleamos por cosas insignificantes. La palabra universo significa "un centro" y como el eje de la rueda está fijo, la circunferencia es la que gira. La conciencia universal ha creado esta gran rueda de la vida, este juego, en el que todo gira en torno a lo divino, lo perciba la gente o no. Esta danza, el gran movimiento cósmico de planetas, galaxias y sistemas solares, es creada por la función creativa de la divinidad.

Existen funciones básicas dentro del universo que luego se traducen en la vida diaria. Destruir, crear y conservar. ¿Acaso no hemos sentido que se desmoronaba algo en nuestra vida, para luego, al tiempo, generarse algo nuevo? ¿No destruyen los arquitectos viejas fincas para construir nuevas torres? ¿No se termina una relación y la puerta de una nueva se abre? No imagino después del 2012 que volvamos al trueque y a vivir en comunidades tecno-hippies, eso sería un retroceso. En cambio, veo al nuevo hombre universal descubriendo que puede hacer hazañas inimaginables con el poder que lleva dentro.

La trinidad, destrucción, creación y conservación, está latente en la ola de vida, sólo es cuestión de percibir en qué faceta nos encontramos respecto a algo y así fluir con ello. Estamos en una etapa que está terminando de destruirse y comienza a construirse, a crearse una era de luz.

Ejercicio

RESPIRACIÓN UNIVERSAL

Sentados a la distancia del largo de los brazos, con las piernas cruzadas, inhala y exhala, sintiendo que el Big Bang está en ti, que te expandes más y más.

Luego conecta con el corazón, de allí ve al sol y de allí al centro de la galaxia. Después de unos minutos de sentir la conexión, vuelve del centro de la galaxia al sol, del sol a tu corazón. Serena los pensamientos. Lleva la energía al cuarto chakra.

Duración: diez minutos como mínimo.

Capítulo 17

REDISEÑA TU ADN

Gen

Génesis, genital, genealogía, genética, genoma, gente, engendrar, oxigeno, generación (¿o gen en acción?), genio, imagen, cosmogénesis... Ésa es la creación, todo responde al gen del ADN, *desde lo creado en el Génesis a la imagen que tienes en mente. Si quieres cambiar tu* ADN, *cambia tu imagen mental: la imaginación*

El ADN es el ácido desoxirribonucleico y sus doce hebras tienen latente la experiencia llamada ascensión, la elevación de su vibración a nivel celular.

El genoma está subdividido en cromosomas los cuales están hechos de ADN. Cada célula contiene ADN y todas ellas están coordinadas por el ADN.

Sabemos que hay más de diez billones de células en el cuerpo y que se conectan unas con otras. Cada célula tiene cuarenta y seis cromosomas divididos en veintitrés cromosomas.

El ADN es más que sólo la doble hélice de bioquímica que se observa bajo el microscopio, que representa una de las doce capas que están realmente ahí. El ADN tiene doce capas o hebras de profundidad, cada capa tiene dos atributos principales que se equilibran. La capa que se puede ver a través de la bioquímica, es la molécula del ADN representada como una escalera retorcida con escalones o peldaños (núcleotidos) formada por dos moléculas paralelas hechas de azúcar y fosfato. Los pares de cuatro moléculas básicas son: adenina, timina, citosina y guanina, todas ellas forman cada peldaño de esta especie de escalera de doble hélice, la cual es el cuerpo o estructura del ADN. Cada peldaño está hecho de dos bases combinadas: adenina + timina o citosina + guanina.

El ADN es el coordinador de la vida y funcionamiento de cada célula, por eso es importante ver que si tenemos influencia en el ADN, tendremos influencia en las células. El gen es todo el ADN que codifica las proteínas, que son moléculas compuestas de bloques llamados aminoácidos. Ése es el alimento.

En la actualidad los avances en la genética están dividiendo a los científicos cuánticos y los ortodoxos. Las doce hebras en espiral del ADN interactúan unas con otras dentro y fuera del cuerpo. La conexión de las doce hebras significa que los doce centros de energía o información, los chakras, pueden empezar a funcionar y enviarse información unos a otros. Siete de estos centros están alineados con el cuerpo giratorio de los doce cuerpos celestiales en nuestro sistema solar, los cuales giran con información, que a su vez forman parte de otro sistema aún mayor. La información que contiene la doble hélice del ADN humano es tan inmensa que unos cien mil genes residen dentro de ella.

Cuando el ADN humano empiece a desvelarse-activarse, los individuos cambiarán la cara del universo, convirtiéndose en un receptáculo telepático de las energías de todo el cosmos. De todas maneras, no sólo el ADN estará cambiando. En estos momentos se está produciendo una limpieza, la purificación del planeta como ser vivo y eso influye en todos los seres.

La química del cuerpo humano cambiará en el sistema inmunológico y éste será el primero en cambiar. A nivel celular, se verán cambios que los científicos nunca vieron antes. Las células tendrán una nueva conciencia celular. Será el comienzo de las nuevas células inteligentes.

El gran cambio del ADN

El núcleo de nuestras células es la luz y el vacío. Si te sientes feliz, esa luz aumenta y el vacío como expansión de conciencia también.

El más grandioso cambio humano en el nuevo milenio es la mutación del ADN. Las partes influidas magnéticamente están diseñadas para despertar fragmentos de química. El ADN es una fuente de emisión de fotones, de luz. Hay un puente entre la conciencia y la emisión de fotones del ADN.

Cuando las doce capas de ADN son vistas desde la conciencia interdimensionalmente se reúnen en un cubo que encaja muy bien en la forma geométrica que han identificado como la estrella tetraedro.

En el corazón del ADN hay una enzima aún no descubierta, relacionada con el carbón. Se utilizaron ondas de luz para cancelar los primeros diez factores del ADN por incineración. En ese momento tuvieron lugar una serie de cambios físicos incluyendo la protuberancia en el extremo superior de la columna. Cada uno de estos cambios se reflejó paralelamente en la realidad etérea. El sistema nervioso y la estructura del ADN aún no están lo suficientemente desarrollados y no pueden soportar el intercambio de información que supondrá la completa activación del poder inteligente cósmico. Cuando este poder quede completamente abierto, la inteligencia hablará de todas partes de la existencia. Podríamos comunicarnos con una flor o un árbol durante horas. Cuando esto suceda, el conocimiento que se podrá encontrar a cada paso será inmenso. Por regla general no tenemos acceso a la información procedente del más allá del universo, puesto que en estos momentos nuestros cuerpos todavía no han evolucionado lo suficiente, pero mucha gente está en evolución consciente en la Tierra, convirtiéndose en emisoras de radio que emiten un sonido o una frecuencia que todo el mundo pueda percibir y que se hará más intensa a medida que se expanda. Será también cuando se pueda tener acceso desde dentro a los doce chakras, desde donde se puede sentir la información correspondiente a cada uno y traducir la experiencia interna del contexto de la mente. En la Tierra estamos experimentando un proceso de despertar individual de cambio de frecuencias.

Al respecto dice el doctor Robert V. Gerard: "Nuestro ADN, a través del proceso de transcripción, envía mensajes llamados ARNm para comunicarse con la célula. Las células se adaptan traduciendo el ARNm en proteínas necesarias que, de hecho, cambian el comportamiento de la función celular. Nuestra biblioteca interna de ADN, si ustedes lo desean, responde a ese entorno, cambia su estructura y envía mensajes para reorganizarse a sí misma es decir, a ustedes".

El doctor Deepak Chopra argumenta: "La conciencia está influida por ciertas hormonas dentro del proceso molecular del ADN. Y la responsabilidad de cambiar esta conciencia recae sobre cada individuo".

Interesantes experimentos con el ADN

El ADN puede activarse meditante el poder de la intención del ser humano.

De la misma manera que hay bombillas de luz de veinticinco, cincuenta, setenta y cinco y cien *watts* de potencia, hay personas con más o menos brillo. Nuestra única preocupación debería ser encender nuestra luz interior cada día. Esa luz será el estímulo de las células y el cerebro para potenciar al máximo el ADN. La pregunta que cada uno debe hacerse es: ¿cómo está mi luz personal?

Sabemos que el ADN humano es una Internet biológica. La más reciente investigación de científicos rusos explica los diferentes fenómenos como la clarividencia, la intuición, los actos espontáneos de curación, las técnicas de afirmación y la intención, la luz o el aura del cuerpo, la influencia de la mente y mucho más se dan a partir de esas conexiones.

Un tipo nuevo de medicina está cobrando fuerza. Manifiesta que el ADN puede ser influenciado y reprogramado por palabras y frecuencias. Solamente el diez por ciento de nuestro ADN está siendo usado para la construcción de proteínas. Es este subconjunto de ADN que es de interés de los investigadores occidentales y está siendo examinado y clasificado. El otro noventa por ciento es considerado erróneamente "ADN chatarra o basura".

Los investigadores rusos, sin embargo, convencidos de que la naturaleza no desperdiciaría algo así, se unieron a lingüistas y genetistas en una aventura para explorar ese noventa por ciento del ADN basura.

De acuerdo con sus investigaciones nuestro ADN es mucho más que para la construcción de proteínas de nuestro cuerpo. También sirve como almacenamiento y comunicación de datos. Descubrieron que el código genético en la evidente "inutilidad" del noventa por ciento sigue los mismos patrones de todos nuestros idiomas humanos.

Para ello compararon las reglas de sintaxis (la manera en la cual las palabras se ponen juntas para formar frases y oraciones), la semántica (el estudio del significado en formas de lenguaje) y las reglas básicas de la gramática. Encontraron que los alcalinos de nuestro ADN siguen una gramática regular y reglas fijas justo como nuestros idiomas. Por tanto, los idiomas humanos desde la mítica Torre de Babel no aparecieron coincidencialmente, sino que son un reflejo de nuestro ADN.

Los estudios del biofísico y biólogo molecular ruso Pjotr Garjajev y su equipo también exploraron el comportamiento vibracional del ADN. Dijeron que "Los cromosomas vivos funcionan justo como un computador holográfico usando radiación de láser de ADN endógeno". Esto significa que ellos se las ingeniaron para modular ciertos patrones de frecuencia y sonido en un rayo como el láser que influyó la frecuencia del ADN y, por tanto, la información genética en sí misma.

Asimismo, descubrieron que se puede simplemente usar la vibración y el poder de las palabras y oraciones del idioma humano para afectar el ADN. La sustancia viva de ADN (en tejido vivo, no in vitro) siempre reaccionará a los rayos láser modulados por el idioma y aún a las ondas de radio, si las correctas frecuencias (sonido) están siendo usadas. Esto explica científicamente por qué las afirmaciones, la hipnosis, los sonidos y la vibración de mantras pueden tener fuertes efectos sobre los humanos y sus cuerpos. Es enteramente normal y natural para nuestro ADN reaccionar al lenguaje.

Si esto se comprueba, nos preguntamos entonces si este cambio se activa con vibración y palabras, ¿también se podría desactivar mediante palabras y afirmaciones negativas repetidas? Pienso en el mantra de cada domingo que se adhirió por generación tras generación grabándose en los genes: "¡Por mi culpa! ¡Por mi gran culpa!" o "No soy digno" o "Eso es pecado", etc. Eso sería un simple ejemplo de cómo las palabras generarían una personalidad culpable, temerosa, sumisa y sin poder, generando una desprogramación psicoemocional y trasmitiendo eso a la generación futura. Si se comprueba esto, el potencial del ADN pudo haber sido desprogramado desde hace milenios de muchas formas.

Mientras que los investigadores occidentales cortan genes individuales de los filamentos de ADN y los insertan en otro lugar, los científicos rusos con entusiasmo crearon aparatos que influyen el metabolismo celular a través de frecuencias de radio moduladas y de luz, reparando defectos genéticos.

Ellos aun capturaron los patrones de información de un ADN en particular y lo transmitieron a otro, reprogramando células a otro genoma. Así exitosamente transformaron, por ejemplo, embriones de ranas a embriones de salamandra, "simplemente transmitiendo los patrones de información de ADN". En esta forma la información entera fue transmitida sin ninguno de los efectos colaterales o desarmonías encontradas cuando se cortan y reintroducen genes individuales de ADN. Esto representa una revolución increíble, simplemente aplicando la vibración o sea frecuencias de sonido y el lenguaje.

Este experimento señala el inmenso poder de la genética de las ondas, que obviamente tiene una más grande influencia sobre la formación de organismos que los procesos bioquímicos de las secuencias alcalinas.

Espiritualidad y ADN

La ejecución de rituales en las civilizaciones antiguas era básicamente para conectarse con la divinidad y vivir en sincronicidad.

Los maestros esotéricos y espirituales han conocido por eras que nuestro cuerpo es programable por el lenguaje, las palabras y el pensamiento. Esto ha sido probado y explicado científicamente. Ha sido examinado mediante la oración y los mantras, por supuesto que la frecuencia tiene que ser correcta. Y es por esto que no todos tienen éxito o pueden hacerlo con la misma fuerza siempre. La persona debe trabajar en los procesos y el desarrollo interno, a fin de establecer una comunicación conciente con el ADN.

Los investigadores rusos trabajan en un método que no es dependiente de estos factores, pero que siempre trabaja, dado que uno use la correcta frecuencia. Entre más altamente desarrollada es la conciencia del individuo, menor es la necesidad de usar cualquier tipo de aparato: se pueden lograr estos resultados por uno mismo. La ciencia ortodoxa finalmente parará de reírse con tales ideas, confirmará y explicará los resultados.

Los científicos rusos también averiguaron que nuestro ADN puede ocasionar patrones de disturbio en un vacío, por tanto producir agujeros de lombriz magnetizados. Los agujeros de lombriz son los equivalentes microscópicos de los llamados puentes de Einstein-Rosen en la vecindad de los agujeros negros (dejados por las estrellas muertas en el universo).

Estos agujeros son conexiones de túnel entre áreas enteramente diferentes en el universo a través de las cuales la información puede ser transmitida afuera del espacio y el tiempo. El ADN atrae estos trozos de información y los pasa a su propia conciencia. Este proceso de hipercomunicación (telepatía, percepción o canalización) es muy efectivo en un estado de relajación.

La tensión, la preocupación o un intelecto hiperactivo previene la hipercomunicación exitosa o la información será totalmente distorsionada o inútil. En la naturaleza, la hipercomunicación ha sido exitosamente aplicada por millones de años, no es más que la genética intrínseca para organizarse, como el caso de las hormigas, las abejas y las aves. El ser humano lo sabe solamente en un nivel mucho más sutil como la intuición, la percepción y la sincronicidad.

La nueva comunicación

Tal como lo entiendo, la única obligación del ser humano para saber qué está haciendo en la Tierra es activar su genio interior, que no es otra cosa que potenciar los genes, el código del ADN en el cerebro para descubrir a Dios en su interior. Pero, como el código genético está desconectado parcialmente, he ahí la tarea individual de cada uno. A eso llamamos búsqueda espiritual.

Como un ejemplo de la naturaleza, cuando una hormiga reina es separada de su colonia, las hormigas trabajadoras que quedan continuarán construyendo de acuerdo con el plan. Sin embargo, si se mata a la reina, todo el trabajo en la colonia se detiene, ya que ninguna hormiga sabrá qué hacer. Aparentemente, la reina transmite los "planes de construcción" a sus súbditos, aun si está lejos, vía la conciencia grupal. Ella puede estar tan lejos como quiera, siempre y cuando esté viva. En los humanos, la hipercomunicación se encuentra más a menudo cuando uno súbitamente gana acceso a la información que está fuera de la base de conocimiento de uno, el famoso "Eureka" de Arquímedes, cuando consiguió una nueva idea bajo la ducha. Pienso ahora que Platón lo llamaba "Mundo de las ideas" y hacía referencia a que una persona podía "captar" cualquier idea si podía acceder desde su mente personal a esa mente universal donde está contenida toda la información. Tal hipercomunicación es experimentada entonces como inspiración o intuición, también en canalización en trance místico.

Los científicos rusos irradiaron con luz láser muestras de ADN. En la pantalla se formó un patrón típico de onda, cuando removieron la muestra de ADN, el patrón de onda no desapareció, sino que permaneció. Muchos experimentos controlados mostraron que el patrón continuó viniendo de la muestra removida, cuyo campo energético aparentemente permaneció por sí mismo. Este efecto es ahora llamado el efecto fantasma del ADN. Se especula que la energía de afuera del espacio y del tiempo aún fluye a través de los agujeros de lombriz activados después de que se ha removido el ADN. Los efectos colaterales encontrados más a menudo en la hipercomunicación en los humanos son campos electromagnéticos inexplicables en la proximidad de las personas involucradas.

En su libro *Vernetzte Intelligenz*, Grazyna Gosar y Franz Bludorf explican estas conexiones precisa y claramente. Los autores dicen que en la antigüedad la humanidad había sido justo como los animales: muy fuertemente conectada a la conciencia grupal y actuaba como un grupo en una misma conciencia. ¿Sería lo que ahora los científicos llaman "campo unificado"? Seguro que sí.

Ahora que se está potenciando nuestra conciencia individual, podemos crear una nueva forma de conciencia grupal, a saber; una en la cual obtenemos acceso a toda la información vía nuestro ADN sin ser forzados o remotamente controlados con lo que hagamos con esa información. Sabemos ahora que justo como usamos Internet, nuestro ADN puede alimentar datos propios en la red y puede recuperar datos de ahí mismo, y que podemos establecer contacto con otros participantes en la red. El científico británico Rupert Sheldrake lo llamó "conexión entre los campos mentales morfogenéticos".

Así funcionaría la telepatía o la percepción extrasensorial. Algunos animales saben de lejos cuándo planean sus dueños regresar a casa. Cualquier conciencia colectiva no puede ser sensiblemente usada en cualquier período sin una individualidad distintiva; de lo contrario, nos revertiríamos a un instinto primitivo de rebaño que es fácilmente manipulado. La hipercomunicación en este presente-futuro próximo es el comienzo de una nueva era de conexión de la conciencia espiritual.

La iluminada conciencia grupal

La humanidad se está moviendo colectivamente hacia
una conciencia grupal de homo universales.

En la actualidad, nacen más niños con poderes especiales o clarividentes. Algo en esos niños se está esforzando hacia la nueva conciencia grupal y no podrá ser detenida por más tiempo. Tales niños son llamados niños índigo o cristal.

La vibración de la Tierra también influye en el ADN y en el cerebro. El tiempo atmosférico de la Tierra es fuertemente influido por las frecuencias de resonancia de la Tierra (las frecuencias Schumann), que han cambiado mucho en el trascurso de los últimos años y seguirán cambiando con la alineación planetaria de 2012. Esas mismas frecuencias son también producidas por nuestros cerebros y cuando muchas personas se sincronizan en su pensar o cuando individuos más desarrollados o maestros espirituales enfocan sus pensamientos como el láser, entonces puede influir potentemente en el ADN y la conciencia colectiva.

La nueva civilización

Tenemos una gran oportunidad de elevación si usamos
nuestro poder conjunto en pos de un salto cuántico.

En estos momentos quien usa la energía tiene el poder, quien conoce los sistemas para generar y aumentar el magnetismo, mucho más. Si nuestra civilización desarrolla la conciencia grupal, no tendrá ninguno de los problemas ambientales ni la escasez de energía, porque si fuera a usar tales poderes mentales como una civilización unificada, tendría control de las nuevas energías. La Tierra está recibiendo grandes oleadas de energía desde el centro de la galaxia y del Sol y se potenciará más en 2012.

Cuando un gran número de gente llega a unificarse con intención más elevada como en la meditación sobre la paz, los potenciales de violencia también se disuelven.

El ADN es también un superconductor orgánico y como todos los superconductores, es capaz de almacenar luz y por lo tanto información. Apoyo la teoría fundamentada sobre una conspiración del gobierno secreto quien, entre muchísimas otras cosas, a través de ondas de baja frecuencia que no pueden percibirse con el oído humano influye negativamente en la psique humana, para que esté de algún modo controlada mentalmente. Estos experimentos en concreto vendrían del HAARP, una base militar para influir en la ionosfera, en el clima y en las ondas subliminales, está situada en Alaska. Ésta sería un arma de avanzada y desconocida para la mayoría de la gente. Una especie de programación colectiva de manera negativa sin que nadie se de cuenta, puedes verlo por Internet y videos.

Al saber que las ondas afectan el cerebro si se emiten ondas de baja frecuencia que son también producidas en nuestros cerebros, a causa de esta similitud de las ondas, son capaces de reaccionar y cambiar o generar pensamientos.

Lo positivo es la fuerza luminosa que va emergiendo de las conciencias individuales alrededor del mundo en pos de la unificación y los proyectos de curación en la Tierra. Somos un equipo de individuos inteligentes que colectivamente generamos una masa crítica de luz y expansión que generará el cambio cuando la energía se eleve más y pueda producir una iluminación colectiva.

ADÁN es ADN

Las capas del ADN activas abren las puertas dimensionales, los chakras y los códigos ancestrales que contiene el cuerpo humano. El primer Adán fue la siembra del ADN.

Las doce capas de ADN existen interdimensionalmente y están estructuradas en cuatro grupos de tres capas cada una. Hay tres elementos o capas en cada uno de los cuatro grupos característicos. En cada grupo, cada capa también tiene un nombre y un propósito, pero hay una relación entre uno, dos y tres. El primer grupo incluye la capa uno, que es la única de cuarta dimensión, es la única capa que se puede ver con el microscopio.

La tercera capa de cada grupo es el catalizador para los dos primeros. La capa tres de cada agrupamiento es el catalizador para las capas una y dos, por ello, esta tercera capa de cada grupo es la más importante de las tres. Los científicos humanos denominaron al ADN por su visibilidad y química de cuarta dimensión, ácido desoxirribonucleico. Eso es lo que se puede ver ya que está en su percepción de la realidad.

Para la mayoría de los científicos eso es todo lo que abarca las capas de química que pueden ver, pero el ADN tiene doce capas de profundidad. Cada capa posee dos atributos, el que se puede ver en cuatro dimensiones (la doble hélice) la capa del fondo. Sus dos atributos son los lados de la escalera, conectados con una química, la que une a ambos atributos y crea los lazos. Encima de esta capa, hay once más, por lo tanto, hay doce capas en total con veinticuatro atributos. Cada capa, incluso las interdimensionales, tiene dos lados. Están equilibradas de forma muy semejante a la que se puede ver.

Cuando los científicos comiencen a examinar la cuestión interdimensional, algunas cosas comenzarán a mostrarse, incluso sobre la doble hélice. Todas las capas están juntas en un círculo, por lo tanto, todas ellas pueden ser vistas sobre la que está en cuarta dimensión. El ADN interdimensional no es estático, cambia todos los días, en consecuencia, hay que preguntarse qué clase de vibración estamos produciendo y recibiendo. Ya sabemos que el ADN responde y cambia consecuentemente la vibración y las ondas, que es un sistema dinámico. El primer Adán o los primeros, mejor dicho, fueron quienes perdieron progresivamente el contacto directo con la fuente, bajaron su vibración y la energía elevada al descender progresivamente en su iluminación se transformó en materia, y ha ido decreciendo en su contacto con la fuente, por eso una persona puede sentirse separada de la divinidad. Es tiempo para volver a ascender hacia ese estado de conciencia paradisíaco, dice Susanna Thorpe-Clark: "Estamos siendo cambiados físicamente de seres basados en carbón con dos hebras de ADN a seres cristalinos con 1 024 hebras de ADN (eventualmente), porque sólo las sustancias cristalinas pueden existir en niveles dimensionales superiores. De hecho, nos están combinando nuestros cuerpos con hebras de ADN de Sirio, ya que este formato es lo suficientemente cercano al nuestro para poder integrarlo con relativamente pocos efectos secundarios. No somos sólo nosotros los humanos quienes estamos cambiando, sino todas las formas de vida en la Tierra se están volviendo cristalinas".

Y añade: "Todos los peces en el océano, las flores y los árboles en nuestro jardín, los pájaros en el cielo, incluso nuestras mascotas, perros o gatos. Todo está cambiando. Nada morirá o será destruido, ya que todos estamos moviéndonos juntos hacia un nuevo estado de ser. Este nuevo estado de ser requiere, por ello, que nosotros, física, mental y emocionalmente soltemos los conceptos tridimensionales. Así como en la muerte, el dejar ir es una importante parte del proceso de cambio, ya que uno no puede llevarse los viejos valores y maneras de ser hacia una completamente diferente nueva vida futura. De este modo, mediante los cambios, el progreso nos obliga a dejar ir actuales relaciones, trabajos, carreras, hogares, posesiones, y así, si son incapaces de aguantar nuestra nueva manera de ser. No es de extrañarse, entonces, que haya muchísima ansiedad y miedo sentido, porque estos cambios ya están en progreso, aunque la mayoría de gente no esté consciente de ello. También los cambios en nuestro maquillaje fisiológico están acelerándose en la actualidad. Hay muchos síntomas físicos temporales que están ocurriendo en nuestros cuerpos como consecuencia de esto".

Punto cero, la resonancia Schumann y la disminución del campo magnético de la Tierra

Gregg Braden está viajando actualmente alrededor de los Estados Unidos y está revelando en los medios, la prueba científica de que la Tierra esta pasando a través del cinturón de fotones y de la disminución en la velocidad de la rotación de la Tierra, al mismo tiempo que hay un incremento en la frecuencia resonante de la Tierra (resonancia Schumann).

Dice que: "Cuando la Tierra detenga su rotación y la frecuencia de resonancia alcance los trece ciclos, estaremos en el campo magnético del punto cero. La Tierra se detendrá y en dos o tres días comenzará a girar nuevamente en la dirección opuesta. Esto producirá una reversión en los campos magnéticos alrededor de la Tierra.

Y agrega: "Mientras que el ritmo del «pulso» de la Tierra se esta elevando, la fuerza de su campo magnético, por el otro lado, está declinando. De acuerdo con el profesor Bannerjee de la Universidad de Nuevo México, el campo ha perdido hasta la mitad de su intensidad en los últimos cuatro mil años.

Debido a que la fuerza de este campo es un precursor de las reversiones de los polos magnéticos, el profesor Bannerjee cree que está en curso otra reversión. Braden piensa que como estos cambios cíclicos están asociados con las reversiones, los registros geológicos de la Tierra que indican reversiones magnéticas, también marcan cambios previos en la historia. Dentro de la enorme escala de tiempo representada, hubo bastantes de ellos.

Posibles resultados

Se menciona que:

El tiempo parecerá acelerarse mientras nos aproximamos al punto cero.

Un día de veinticuatro horas parecerá ser de cerca de dieciséis horas o menos. Recuerden que la resonancia Schumann (o el latido de la madre Tierra) ha sido de 7.8 ciclos por miles de años, pero se ha estado elevando desde 1980. En este momento esta cerca de los doce ciclos. Se detiene a los trece ciclos.

El punto cero o el cambio de las edades ha sido predicho por las gentes del pasado durante miles de años. Ha habido muchos cambios, incluyendo el que siempre ocurre cada trece mil años, la mitad de los veintiséis mil años de la precesión del equinoccio.

El punto cero o un giro de los polos magnéticos probablemente sucederá pronto, dentro de los próximos años. Posiblemente, éste puede sincronizarse con el ciclo cuatro del biorritmo de la Tierra que ocurre cada veinte años el 12 de agosto. El próximo suceso será el 12 de agosto del 2003. Nuestro cuerpo físico está cambiando mientras nos aproximamos al punto cero. Nuestro ADN está siendo actualizado a doce fibras. Se está creando un nuevo cuerpo de luz. Nos estamos volviendo más intuitivos.

El calendario maya predijo todos los cambios que están ocurriendo ahora. Los mayas dicen que nos estamos moviendo fuera de la tecnología y de vuelta a los ciclos naturales y al universo. Para el 2012 habremos entrado a la quinta dimensión (después del cambio hacia la cuarta dimensión en el punto cero).

Toda esta información no es alarmante. Estén preparados para los cambios que traerán la nueva edad de luz. Nos estamos moviendo fuera del dinero y del tiempo, en donde los conceptos basados en el miedo se disuelven totalmente.

Nuevos descubrimientos

La nueva visión científica se acerca a la visión espiritual

Los científicos realizaron experimentos importantes en el campo del ADN, la intención y la vibración. Gregg Braden en su libro *Awakening to the Zero Poin"* expone que se recogió una muestra de leucocitos (glóbulos blancos) de varios donantes. Estas muestras se colocaron en una habitación con un equipo de medición de los cambios eléctricos. En dicho experimento, el donante era colocado en otra habitación y sometido a estímulos emocionales provocados por videos que le generaban emociones. El ADN era puesto en un lugar diferente al del donante pero en el mismo edificio.

El donante y su ADN eran monitoreados, cuando el donante mostraba alteraciones emocionales (medidos en ondas eléctricas), el ADN expresaba ¡respuestas idénticas y al mismo tiempo!

Los altos y bajos del ADN coincidieron exactamente con los altos y bajos del donante. Se quería saber qué tan lejos se podían separar al donante de su ADN y continuar observando ese efecto. Detuvieron las pruebas al llegar a una separación de ochenta kilómetros entre el ADN y su donante, y continuaron teniendo el resultado idéntico, sin lapso y sin retraso de transmisión. El ADN y el donante tuvieron las mismas respuestas al mismo tiempo. ¿Qué significa esto? Gregg Braden reafirma: "Esto significa que las células vivas se reconocen por una forma de energía no reconocida con anterioridad. Esta energía no se ve afectada ni por la distancia ni por el tiempo. No es una forma de energía localizada, es una energía que existe en todas partes y todo el tiempo". Y agrega: "Otro experimento fue realizado por el Instituto Heart Math, en él se tomó el ADN de placenta humana (la forma más prístina de ADN) y fue colocado en un recipiente donde se podían medir los cambios de éste. Se distribuyeron veintiocho muestras en tubos de ensayo al mismo número de investigadores previamente entrenados. Cada investigador había sido entrenado para generar y emitir sentimientos y cada uno de ellos podía tener fuertes emociones. Lo que se descubrió fue que el ADN cambió de forma de acuerdo con los sentimientos de los investigadores:

1. Cuando los investigadores sintieron gratitud, amor y aprecio, el ADN respondió relajándose y sus filamentos estirándose. El ADN se hizo más largo.
2. Cuando los investigadores sintieron rabia, miedo o estrés, el ADN respondió apretándose. Se hizo más corto y apagó muchos de los códigos. ¿Alguna vez se han sentido "descargados"

por emociones negativas? Ahora sabemos por qué nuestros cuerpos también se descargan.

Los códigos del ADN se conectaron de nuevo cuando los investigadores tuvieron sentimientos de amor, alegría, gratitud y aprecio.

Estos cambios emocionales fueron más allá de ser efectos electromagnéticos. Los individuos entrenados para sentir amor profundo, fueron capaces de cambiar la forma de su ADN.

Gregg Braden dice que "esto ilustra una nueva forma de energía que conecta toda la creación. Esta energía parece ser una red tejida estrechamente que conecta toda la materia. Esencialmente podemos influenciar esa red de creación por medio de nuestra vibración".

Conclusión

Me parecieron muy interesantes estos experimentos por eso deseo compartirlos. Estas investigaciones son muy valiosas para comprender de qué manera estamos cambiando nuestra visión antigua y cómo el amor genera una línea energética y vibración hacia el ADN completamente distinto que el miedo o el enojo.

Mi entendimiento me dice que aquí encaja perfectamente la teoría de Sheldrake de un mismo campo morfogenético que nos agrupa mentalmente a cada especie, con lo que el *Kybalión* mencionó hace siglos que "Todo es mente" y lo que la nueva ciencia ahora llama campo unificado. ¿Estamos hablando del campo de unidad de Dios?

Capítulo 18

ACTIVACIÓN DE TU ADN

Comenzamos con la práctica final de activación de tu ADN, para ello tienes que prepararte y tomar estos ejercicios-meditaciones con plena conciencia de cambio, transformación y adjuntarle una intención poderosa. ¡Buen viaje!

Síntomas del proceso de sanación

No descendemos del mono, no salimos del barro, no llevamos culpas, no perdimos ninguna costilla, no somos imperfectos. Somos seres de luz, somos cambiantes y eternos, somos un misterio a ser vivido y nuestro origen viene de las estrellas.

Muchos investigadores sobre la activación del ADN han registrado diversos síntomas físicos, mentales y emocionales que apuntan o señalan que el proceso de integración de la nueva energía está por comenzar o ha comenzado en la persona que los manifiesta. El proceso no es igual para cada individuo, aunque sí hay sincronías que le ayudan a identificar quiénes son las personas entre las que le rodean que están pasando por el mismo proceso y los recursos que le pueden ayudar a integrar esta nueva reconfiguración energética.

1. Sentimientos de profunda tristeza sin razón aparente. Debido a que se están liberando capas de tu pasado y esto causa un sentimiento de tristeza.
2. Llanto sin razón alguna. Permitir que fluyan las lágrimas ayuda a liberar la vieja energía interior.

3. Dolores y malestares físicos, fundamentalmente en el cuello, los hombros y la espalda. Se activan las capas más profundas de tu campo energético.

4. Movimiento de trabajo o profesión; es como si el universo te reubicara en el lugar correcto a tu vibración.

5. Cambios en el dormir. Es probable que te despiertes entre las 2 y las 4 am. Surge por el despertar y por un intenso proceso de transformación en las capas más profundas de tu campo energético.

6. Sueños intensos. Se libera la vieja energía interior y estas energías del pasado a menudo pueden venir por pesadillas o sueños aparentemente feos.

7. Desapegarse de las relaciones familiares. Estás conectado a tu familia biológica por una energía muy antigua. Cuando te sales del viejo ciclo energético, los lazos de antiguas relaciones se liberan.

8. Desorientación física. Mientras la conciencia transita hacia la nueva energía, a veces tu cuerpo se queda atrás. Debes pasar más tiempo cerca de la naturaleza, el mar, la montaña y el contacto con el sol.

9. Desarrollo de la capacidad de autoconocimiento. Al desarrollar un nuevo nivel de comunicación interdimensional, el autoconocimiento se incrementará y sentirás capacidades más intuitivas.

10. Sentimientos de soledad en compañía de otros. Los sentimientos de soledad están asociados al hecho de que ha llegado el momento de que te sostengas por ti mismo en tu espacio energético y si estás rodeado de gente con una vibración inferior, es probable que sientas que no tienes nada que ver en ese grupo. Es tiempo de llenar tu espacio con tu propia nueva energía y compañía de personas despiertas.

11. Pérdida del entusiasmo o intensificación del entusiasmo. Un reciclaje. Es como volver a arrancar una computadora.

Necesitas un período de no hacer para que puedas instalar todos los componentes del nuevo y sofisticado programa para la nueva conciencia del homo universal.

12. Un deseo profundo de abandonar el planeta. Ya has completado tu viejo ciclo energético. Estás listo para iniciar una nueva vida, mientras te encuentras en el mismo cuerpo físico, pero la transición hacia esa nueva vida todavía no ha culminado. Este planeta necesita de personas luminosas y abundantes en creatividad para elevarlo y que la Tierra sea un paraíso de luz.

13. Palpitaciones en el corazón. Debido al cambio de frecuencia de la Tierra y las oleadas de nueva energía poderosa.

Beneficios:
- Alivio del estrés.
- Desintoxicación del organismo.
- Activación de los chakras.
- Aumento de la autoconfianza.
- Sensación de conexión.
- Aumento de la sincronicidad.
- Disminución de miedos e inseguridades.
- Potenciación de la intuición, imaginación e inteligencia.
- Desprogramación de viejas creencias.
- Encuentro con almas afines vibracionalmente.
- Toma de conciencia del destino personal como alma.
- Recordar los sueños.
- Menor tolerancia de los ruidos y sitios de mucha bulla.
- Claridad de ideas.
- Sentimiento de pertenecer al universo.
- Expansión de la mirada del águila.
- Amistad profunda con la intuición de donde saldrán respuestas como por arte de magia.
- Mayor autoconciencia del momento presente.

Recomendaciones diarias:

- Bebe muchísima agua para desintoxicar el organismo.
- Toma baños de sol casi diariamente al menos de quince minutos.
- Carga tu cuarzo personal y, si puedes, llévalo colgando como collar.
- Descansa todo el tiempo que necesites.
- Enfócate en proyectos creativos.
- Practica meditación diariamente.
- Estimula tu energía sexual y respira al mismo ritmo que tu amante cuando hagas el amor. También cuando te estimulas en solitario.
- Mantén la mirada del águila sobre las actividades cotidianas.
- Conecta diariamente tu corazón con el sol y el sol con el centro de la galaxia.
- Observa al sol durante las primeras horas o al final del día durante un minuto, luego cierra los ojos y deja que esa luz se expanda desde la pineal a todas las células.
- Escucha música que te eleve emocionalmente.
- Amígate con tu soledad y comparte tiempo con gente luminosa.
- Canaliza tu luz hacia la iluminación colectiva.
- Enfócate en crear tu cuerpo de luz.
- Mantén la confianza y no sientas miedo.
- Investiga, lee e invierte tiempo en enriquecerte espiritualmente.
- Recuerda que la intención y la imaginación creativa son lo que más potencia tu ADN y con lo que tienes que trabajar.
- Cuando te enfoques en algo, dalo por hecho, para acceder a eso que ya está creado en un nivel superior de conciencia y puedas materializarlo.
- Conecta con tu ángel guardián o tu ser protector desde tu conciencia, la presencia espiritual que hay en tu interior.

- Pasa tiempo en la naturaleza.
- Dedícale energía a cualquier rama del arte, siéntete artista.
- Sigue la voz del corazón, de los sueños y de tu propio destino.

Prácticas

PRIMERA FORMA DE ACTIVACIÓN DEL ADN

Duración: una hora.

Siéntate cómodamente con la espalda recta en postura de meditación y coloca tus manos debajo del ombligo con tu cuarzo personal. Puedes sentarte en una silla apoyando los pies en la tierra, o bien, puedes acostarte en el suelo con un cuarzo blanco colocado en el medio de tus cejas en el tercer ojo.

Pon sonido que emita las ondas theta del cerebro para llegar desde las ondas alpha habituales, de ocho a catorce ciclos por segundo, y bajar a las ondas theta de cuatro a siete ciclos por segundo. Los pensamientos comenzarán a flotar en tu conciencia. Perderás la sensación de tener cuerpo físico. Respira profundo por la nariz varios minutos para entrar más fácilmente.

Una vez que estés en ondas theta enfoca tu atención en la glándula pineal en el medio del cerebro. Esto hará que te sincronices con el sonido, vibración y pulso de la tierra, la resonancia Schumann. Dirige desde la glándula pineal luz y energía radiante a la primer célula madre original de donde te has formado.

Distribuye la luz por los más de cien billones de células en todo el cuerpo como si fuesen billones de soles encendidos.

Coordina tu presencia-conciencia divina con los latidos cardiacos. Emite una orden desde tu sagrada intención para que tus células generen mayor impacto biofotónico comunicándose entre sí mediante chispazos de luz y conciencia.

Imagina que, de la misma manera que nuestro Sol en la galaxia emite tormentas solares, sin olvidar que existen miles de millones más grandes, las células generan luz por todo tu ADN.

Ordena que todas las hebras de tu ADN inicien su activación total en armonía con el cosmos y el poder de la luz universal. Siente aquí la unión de la intención-imaginación-emoción.

Durante varios minutos distribuye toda esa luz biofotónica por los siete chakras principales desde el sexo a la cabeza.

Visualízate como un guerrero de luz y fija tu conciencia hacia tu evolución. Deja que la mente se sintonice con lo que surja, imágenes, símbolos, la estrella del Merkaba o cualquier imagen simbólica con la que quieras trabajar.

Impregna la Tierra con esta luz y siente cómo te atraes con los iguales de vibración energética.

Vuelve otra vez a enfocarte sólo en el tercer ojo en el asiento energético de la glándula pineal.

Toma varias respiraciones profundas y quédate inmóvil sintiendo tu campo de energía o aura en completa expansión lumínica.

Después de algunos minutos en meditación reactiva el movimiento del cuerpo físico.

Luego bebe bastante agua pranificada con tu botella especial donde tendrás cuarzos blancos dentro.

Comparte la luz que has generado con tu gente para provocar una reacción en cadena.

Música para esta activación

Existen varios CD's de música que puedes conseguir. Yo utilizo para el paso dos, entrar en ondas theta, el CD de Charles Cannon, *Ondas theta*, y para los siguientes niveles el CD de Vangelis *2001 Mythodea*, donde podrás visualizar poderosamente tus células como un ejército de miles y miles de círculos lumínicos; si no los consigues, escoge la música que pueda motivarte.

SEGUNDA FORMA DE ACTIVACIÓN DEL ADN
Duración: cuarenta y cinco minutos.

Estas capas interdimensionales contienen los códigos divinos de los nombres sagrados en hebreo de YHVH. Es la presencia de la esencia divina en el ser humano. El primer paso para abrir los códigos genéticos es que el chakra del corazón esté abierto y alineado apropiadamente. La alineación del corazón y otros chakras puede ser realizado a base de sonidos.

La palabra muy fuerte *kadosh* (santo) es una palabra alineadora que abre sus chakras. Pronuncia la palabra *kadosh* y visualízate como un ser de luz y una entidad divina que puede viajar a través de dimensiones, contactando guías y maestros. *Kadosh* también puede elevar su espíritu fuera de su cuerpo y llevarlo a otro reino.

Frase código que abre la puerta estructural del ADN

Es una fórmula triple que abre el sello que sostiene la energía divina, doble hélice.

Código sagrado: kadosh, kadosh, kadosh adonai tsebayoth

Primer grupo de tres capas
El primer grupo corresponde al genoma humano, es la programación biológica del ser humano. El ADN no está establecido para toda la vida. Los planos de la capa uno pueden ser su huella digital biológica, pero las otras capas siempre están en movimiento.

1. Primera capa ADN
Ésta es la capa biológica del genoma humano, es la capa bioquímica. Es la que puede ser observada en el microscopio.

Código sagrado: kether etz chahim jehu
(pronunciación: kéter etz caím yéhu)

2. Segunda capa ADN

En esta capa está codificada la dualidad. Ésta porta la esencia y las semillas de la emoción humana. Es la capa del miedo, ella codifica el miedo a la muerte. En esta capa se creó un campo electromagnético holográfico en la mente, codificando una amnesia respecto de la naturaleza interdimensional de la realidad, usado para anestesiar a los portadores de la memoria cósmica en la prisión tridimensional del materialismo y haciéndonos olvidar nuestra esencia divina. Es la causa de la guerra, el dinero, la esclavitud por un salario, etc. Es interdimensional, puede afectar enormemente a la capa número uno, porque a menudo sus emociones controlan la química de su cuerpo.

Código sagrado: torah eser sephiroth
(pronunciación: tóra echer sefirót)

3. Tercera capa ADN

La capa tres es el catalizador para la uno y la dos. Es la capa de la ascensión que está más cerca del espíritu. La capa de la ascensión también se asocia a la glándula pineal, la cual representa la comunicación con la capa de ascensión del ADN. Al conectar la pineal y sus atributos de comunicación con la tercera capa, esa parte que estaba latente se volverá activa de nuevo. La glándula pineal comenzará a crecer otra vez.

Una porción del cerebro, al igual que el ADN, está dedicada a las cosas en cuarta dimensión. La capa de la ascensión es la más difícil para trabajar con ella. Al activarla, comienza a actuar la sabiduría divina en el ser humano. Es un atributo que está casi más allá del entendimiento.

La tercera capa de ADN modifica a la número dos y a la uno. Ese grupo, llamado grupo uno, las tres capas de ADN juntas, cambian al ser humano. Las tres primeras capas son las más importantes y potentes cuando se trata de la propia vida, la ascensión, la vibración, la maestría y la co-creación.

Código sagrado: netzach mercaba eliahu
(pronunciación : nétzac mércaba eliajú)

El primer grupo de tres del ADN funciona en conjunto y se refiere al ADN arraigado. Este grupo contiene la capa uno, el genoma humano, que es la programación biológica del ser humano.

Ella expone toda la química implicada en su fuerza vital. Todas ellas se relacionan con el atributo de base doce de toda la vida. Son visibles, incluso en cuarta dimensión.

Ellas son la base del doce, que es realmente la matemática del universo. Estas tres capas conectan al ser humano a la Tierra; al cambiar una de las capas, del modo que sea, todas las demás cambian.

Segundo grupo de tres capas
Este grupo de hebras en espiral corresponde al grupo de la divinidad. Estas hebras están entrelazadas. Las capas cuatro y cinco juntas son la esencia de la divinidad en el planeta. Representan el nombre en el cristal del registro akásico. Es un agrupamiento divino.

4. Cuarta capa ADN
Esta capa es el atributo espiritual primario. Corresponde al árbol de la vida, que es la familia. Describe un gran poder y gran luz. Es un nombre de Dios y nunca debe ser tomado aislado, sin la quinta capa. Esta capa trabaja con los cristales sanguíneos del ser humano para entregar un nuevo sistema circulatorio que imparte una nueva energía superlumínica desde la memoria cósmica.

Código sagrado: urim-thummim
(pronunciación : úrim túmin)

5. Quinta capa ADN

Esta capa, al igual que la cuarta, corresponde al árbol de la vida. Este agrupamiento divino es el que les dice a los demás que ustedes están vibrando más alto. Es la que demuestra a los demás que están comenzando a despertar. Es informativa del nivel vibracional. Su estructura radical permite el progreso de la conciencia espiritual y científica hacia la luz. Esta capa describe a Dios.

Código sagrado: Aleph-etz-adonai
(pronunciación: aléf etz adonói)

6. Sexta capa ADN

Esta capa representa el nombre de la divinidad en su grado más elevado. Contiene el Tetragrámaton que revela la esencia interna y los oficios del Padre eterno divino. Este nombre sagrado opera como código para la creación física programando el ADN-ARN, de acuerdo con las sesenta y cuatro ternas de las letras de fuego. El Tetragrámaton es el vehículo para el poder programador de la mente superior. Esta capa modifica a las capas cuatro y cinco y es una porción del ADN que es tan divino como Dios mismo.

Código sagrado: yod he vod he
(pronunciación: yod jey vod jey)

Estas tres capas corresponden al reino angélico. El segundo grupo de fibras de ADN es parte de nuestra biología divina. Desde este grupo ocurre la co-creación, también se puede manifestar y cambiar la materia. Este grupo es el que manifiesta la divinidad de nosotros ante los demás seres humanos. De él emana la energía de equilibrio y sabiduría. Estas tres capas son las que nos hacen comprender de dónde provienen los milagros

Las propiedades interdimensionales del ADN comprenden la estructura de lo que hay en medio, que es la sostiene una energía de ley divina.

Tercer grupo de tres capas

Este grupo actúa como códigos que energizan las columnas que sostienen al árbol de la vida. Este grupo da la energía para el poder ascendente y descendente de la presencia divina.

7. Séptima capa ADN

Esta capa activa los portales de luz y el código para el éxodo superior entre los mundos. Es la capa que conecta los siete dones del espíritu santo con la apertura de los siete sellos dentro de nuestro cuerpo.

Código sagrado: layooesh shekinah
(pronunciación: layóuéch checáina)

8. Octava capa ADN

La activación de esta capa es la que reprograma los meridianos bioquímicos de los umbrales genéticos del cuerpo humano. Abre las esferas multidimensionales de luz y los portales para los cambios físicos.

Código sagrado: shem shel geburah
(pronunciación: chem chel geburáj)

9. Novena capa ADN

Esta capa expande el árbol del fuego viviente dentro de nosotros despertando la divinidad embriónica para reprogramar el cuerpo entero. Es la activación de la filiación divina.

Código sagrado: shemesh yahweh
(pronunciación: chemech yod hei vod hei)

La activación del tercer grupo de capas activa la filiación viviente de los seres humanos que toman la responsabilidad de hacer la voluntad del Padre. Es el oficio del Cristo interior o el amor divino que se realiza a través de la cruz cósmica.

Cuarto grupo de tres capas

La activación de este último grupo permite la activación del cuerpo trinitizado y la recodificación de los átomos y moléculas del cuerpo humano.

10. Décima capa ADN

Este nombre sagrado activa el cuerpo Zohar que es el esplendor de vida-luz, articula la formación de los códigos energéticos de luz-vida.

Código sagrado: zohar hadash, zohar metsuloth
(pronunciación: zójar jadách, zójar misúlut)

11. Undécima capa ADN

Esta capa activa la presencia divina. Es la energía que santifica, es la fuerza energética divina, el yo superior.

Código sagrado: shekinah (pronunciación: chakáina)

12. Duodécima capa ADN

Este nombre sagrado es el código para el redescubrimiento del ser supremo divino. Conecta nuestra inteligencia vital con los muchos universos vivientes, lleva todos nuestros factores vitales al siguiente umbral de existencia.

Código sagrado: ehyeh asher ehyeh
(pronunciación: ella acher ella)

La activación de este cuarto grupo de capas de ADN libera el poder de los cuerpos inferiores, cuando el ser, la esencia, el yo soy embriónico empieza a atravesar los portales metafísicos de dimensiones paralelas hasta la novena dimensión de los poderes ultraterrestres y hace la unión con el yo soy eterno de toda la creación.

El tiempo, la gravedad, el magnetismo y otro más, que se han llamado la rejilla cósmica, es la energía divina del cosmos. Son las piezas y partes de lo que se ha llamado conciencia humana.

Todas esas cuatro energías están presentes en otras capas dimensionales de ADN que empujan y elevan la conciencia sobre la dimensión actual.

SEGUNDA PROGRAMACIÓN
RESUMEN PARA LA PRÁCTICA
Duración: cuarenta y cinco minutos.

Frase código que abre la puerta estructural del ADN.

Es una fórmula triple que abre el sello que sostiene la energía divina, doble hélice. Hazlo con este papel impreso frente a tus ojos y luego ciérralos imaginando las diversas capas del ADN.

Repite doce veces cada una de las pronunciaciones.

Código sagrado inicial:
KODOISH, KODOISH, KODOISH ADONAI TSEBAYOTH

1. Primera capa ADN
Ésta es la capa biológica del genoma humano, es la capa bioquímica. Puede ser observada en el microscopio.

Código sagrado: kether etz chahim jehu
(pronunciación: kéter etz caím yéhu)

2. Segunda capa ADN
En esta capa está codificada la dualidad. Es la que porta la esencia y las semillas de la emoción humana. Es la capa del miedo, el cual codifica el miedo a la muerte.

Código sagrado: torah eser sephiroth
(pronunciación: tóra echer sefirót)

3. Tercera capa ADN

La capa tres es el catalizador para la uno y la dos. Es la capa de la ascensión. Está literalmente más cerca del espíritu. La capa de la ascensión también está asociada con la glándula pineal.

Código sagrado: netzach mercaba eliahu
(pronunciación: nétzac mércaba eliajú)

4. Cuarta capa ADN

Esta capa es el atributo espiritual primario. Corresponde al árbol de la vida, que es la familia. Describe un gran poder y gran luz.

Código sagrado: urim-thummim
(pronunciación: úrim túmin)

5. Quinta capa ADN

Esta capa, al igual que la cuarta, corresponde al árbol de la vida.

Código sagrado: Aleph-etz-adonai
(pronunciación: aléf etz Adonai)

6. Sexta capa ADN

Esta capa representa el nombre de la divinidad en su grado más elevado.

Código sagrado: yod he vod he
(pronunciación: yod jey vod jey)

7. Séptima capa ADN

Esta capa activa los portales de luz y el código para el éxodo superior entre los mundos.

Código sagrado: layooesh shekinah
(pronunciación: layóuéch checáina)

8. Octava capa ADN

La activación de esta capa es la que reprograma los meridianos bioquímicos de los umbrales genéticos del cuerpo humano.

Código sagrado: shem shel geburah
(pronunciación: chem chel geburáj)

9. Novena capa ADN

Esta capa expande el árbol del fuego viviente dentro de nosotros despertando la divinidad embriónica para reprogramar el cuerpo entero.

Código sagrado: shemesh yahweh
(pronunciación: chemech yod hei vod hei)

10. Décima capa ADN

Este nombre sagrado activa el cuerpo Zohar, que es el esplendor de vida-luz, articula la formación de los códigos energéticos de luz-vida.

Código sagrado: zohar hadash, zohar metsuloth
(pronunciación: zójar jadách, zójar misúlut)

11. Undécima capa ADN

Esta capa activa la presencia divina. Es la energía que santifica, es la fuerza energética divina, el yo superior.

Código sagrado: shekinah (pronunciación: chakáina)

12. Duodécima capa ADN

Este nombre sagrado es el código para el redescubrimiento del ser supremo divino. Conecta nuestra inteligencia vital con los muchos universos vivientes, lleva todos nuestros factores vitales al siguiente umbral de existencia.

Código sagrado: ehyeh asher ehyeh
(pronunciación: ella acher ella)

Epílogo

Palabras finales

Espero que el recorrido de este libro te haya brindado nuevos paisajes y herramientas. Que te pueda generar un cambio de visión hacia la nueva forma de vida que vendrá.

Espero también que contagies con tu luz y el mensaje de este libro a otras personas; que la reacción en cadena hacia la iluminación colectiva sea cada vez más intensa. Estamos al borde de un abismo a punto de saltar y volar. Lo peor es tener miedo a caer, sólo tiene miedo quien no recuerda que tiene alas. Pero tú, ¡tú estás para volar!

Cursos y retiros

Si te interesan los cursos de formación como Rediseñadores de vida, Activación de ADN, Tantra y sexualidad alquímica, 2012 y preparación para la nueva conciencia, y los encuentros y retiros de evolución energética en Estados Unidos, México, Miami, Santonni y demás países, escribe a info@guillermoferrara.com.

Facebook: Guillermo Ferrara Escuela de Tantra
Twitter: @GuilleFerrara
www.guillermoferrara.com
www.elsecretodeadan.com
www.rediseñatuvida.com
http://2012conciencia.blogspot.com

Recordatorio

¡No es amén... es amen!

Esta obra se terminó de imprimir en marzo de 2012
en los talleres de Litográfica Ingramex S.A. de C.V.,
Centeno 162-1 Col.Granjas Esmeralda
C.P. 09810 México, D.F.